W0229245

Eddie Russell FMI

12 Schritte
zu göttlicher Heilung

Mit einem Vorwort von
Barry James Hickey,
Erzbischof von Perth, Australien

d&d medien gmbh

Die Bibelzitate sind, soweit nicht anders
angegeben, entnommen aus der
Einheitsübersetzung der Heiligen Schrift
© 1980 Katholische Bibelanstalt, Stuttgart

NIHIL OBSTAT:
Fr. Brian Pitman O.Carm.
Censor Deputatus

Titel der Originalausgabe:
12 Steps To Divine Healing

© 1997 Eddie Russell FMI
Published by Flame Ministries International
P.O.Box 8133 Subiaco East 6008 Western Australia
E-Mail: fmi@flameministries.org

© 2000 der deutschen Ausgabe
D&D Medien GmbH, Ravensburg

1. Auflage 12/2000

Erschienen bei der
D&D Medien GmbH
Schubertstraße 28, D-88214 Ravensburg
Übersetzung: Elisabeth Dörflinger
Satz und Umschlaggestaltung:
D&D Medien GmbH
Titelfotos: © Digital Vision Ltd.
Alle Rechte vorbehalten
Druck: St.-Johannis-Druckerei, Lahr

ISBN 3-932842-26-X

Inhalt

Dieses Buch
ist meinen Töchtern Justine und Lia
gewidmet.

Vorwort

Eddie Russell gibt in diesem fesselnden Buch Zeugnis von seinem tiefen Glauben an die heilende Kraft Gottes.

Auf der Grundlage von inspirierten Schrifttexten vermittelt er klar und verständlich seine Überzeugung, dass der Herr unsere geistige und körperliche Heilung möchte.

In diesem Buch werden wir uns bewusst, dass Gottes Handeln, wie es sich in der Heiligen Schrift und menschlicher Erfahrung zeigt, auf unsere vollständige Heilung und unsere Ganzheit als Gottes geliebte Schöpfung ausgerichtet ist. Die körperliche Welt ist nicht getrennt von der geistigen. In der Einheit der einen Person kommen beide zusammen und werden durch Gottes Handeln berührt.

Ich empfehle dieses Buch als Quelle der Inspiration und Hilfe.

B. J. Hickey
Erzbischof von Perth

Über den Autor

Eddie Russell ist ein offiziell anerkannter katholischer Laie im Evangelisationsdienst und Akolyth, der in Perth (Westaustralien) lebt. Er hat einige Seminare, Programme und Artikel geschrieben, die in dreizehn Ländern veröffentlicht wurden. Als Sprecher war er über die Grenzen Australiens hinaus in Singapur und England engagiert, wo er Seminare und Besinnungstage gehalten und bei Versammlungen, Konferenzen und in Pfarreieinsätzen gepredigt hat.

Eddie hat mit 15 Jahren die Schule verlassen und seinen Weg als Illustrator und Graphiker begonnen. Er hat außerdem in einer bekannten Rock 'n' Roll-Band in England Gitarre gespielt, bevor er sich 1967 in Australien niederließ.

1969 wurde er Teilhaber in einem großen Graphikstudio und erwarb sich als Graphiker einen ausgezeichneten Ruf. 1971 wurde er Geschäftsführer der Russell Holdings Pty. Ltd., die in der Werbeindustrie tätig war und diverse Niederlassungen hatte.

Während dieser Zeit kam er mit östlicher Mystik und Theosophie in Berührung und beschäftigte sich mit Okkultem, bis er 1974 durch direktes Eingreifen Gottes die Erfahrung einer tiefgreifenden Bekehrung zu Jesus Christus machte.

Damals begann er dann, die Bibel zu lesen und die Schriften der Heiligen und Kirchenlehrer. Er wurde ein eifriger Zeuge des Evangeliums und trat 1976 in die katholische Kirche ein. Nachdem er die Bibel studiert hatte, konnte er nicht verstehen, warum er keine Heilungen und Wunder erlebte, wo doch die Bibel sagt, dass sie möglich seien. Er akzeptierte den Stand der Dinge bis er 1978 die Taufe im Heiligen Geist empfing und Gott ihn in eine tiefe Liebe für die Leidenden hineinführte und in ihm einen Eifer für die Evangelisation erweckte. Seit dieser Zeit hat er Jesus Wunder vollbringen sehen durch die Kirche und die Verkündigung. Eddie hat sich nun ganz dem Auftrag hingegeben, überall dort in der Welt zu predigen, wo Ohren bereit sind zuzuhören und Herzen bereit zu akzeptieren, dass Jesus Christus der Herr ist.

Einleitung

In diesem Buch behaupte ich weder, ein großartiger Schriftsteller, noch ein Bibelexperte oder Theologe zu sein. Ich hatte keine formelle Ausbildung auf diesen Gebieten. Ich behaupte jedoch, dass Jesus der Herr ist und sein Wort verlässlich.

Sein Wort wirkte in meinem Leben und schenkte mir Erlösung durch meine Bekehrung. Sogar während ich dies schrieb, hatte ich damit fertig zu werden, dass bei mir Verdacht auf Prostatakrebs bestand. Über zwölf Monate hinweg zeigten Darmspiegelungen eine Fülle von Krebszellen, die sich zwanzig Jahre lang ausgebreitet hatten. Nach acht Biopsien war das Ergebnis jedoch negativ.

Ich habe das, worüber ich in diesem Buch schrieb, auf mein Leben angewandt, und Jesus hat meinen Glauben seinen Verheißungen entsprechend belohnt.

Ich präsentiere dieses Buch zusammen mit dem Gebet, dass es in Ihnen die Heilungen vollbringen möge, die Sie in Ihrem Leben benötigen.

Möge Jesus Sie bei der Lektüre mit Glauben segnen.

Eddie Russell FMI

Vorwort

Haben Sie jemals um Heilung gebetet und waren sich unsicher, was dabei herauskommen würde, obwohl Sie wissen, dass Gott heilen kann? Haben Sie jemals gebetet in der Gewissheit, dass Gott heilen kann, aber aus unerklärlichen Gründen trifft die Heilung nicht ein? Viele Christen machen genau dieselbe Erfahrung. Folglich stempeln sie den

Misserfolg als Gottes Willen ab und akzeptieren das Leiden als ein Kreuz, das unter allen Umständen ertragen werden muss. Es wird in den Topf der unergründlichen Geheimnisse geworfen und nichts Weiteres unternommen, um dieses Geheimnis aufzuklären. In ihrer Verzweiflung strömen sie zu Gurus und New-Age-Therapeuten, die Instantlösungen, sogenannte geistige Heilungen, in jeder Form und Größe anbieten, die auf dem Krankheits- und Verzweiflungsmarkt gefragt sind.

Über die Jahre hinweg habe ich langsam verstanden, dass einer der Hauptgründe, warum so viele keine Heilung von Jesus empfangen, darin liegt, dass sie einfach nicht wissen, „wie" sie ihre Heilung „empfangen" sollen. Sie kennen den Willen Gottes nicht. Sie sind ahnungslos, was Gottes Wort, ihre Rechte als Bündnispartner und die Kraft des Glaubens an den Tod Jesu am Kreuz betrifft. Folglich bleiben viele unnötigerweise krank.

Ich habe dieses Buch geschrieben, um Ihren Glauben an das Wort Gottes zu stärken, damit Sein Wort Ihren Glauben durchdringen möge und in Ihnen lebendig und aktiv werde. Sein Ziel ist es, bestimmte Mythen, Blockaden und Hindernisse zu zerstören, damit Sie empfangen können, was Gott in seiner Vorsehung für Sie bereit hält.

Die zentralen Schlüssel zur Heilung (wie zu allen Verheißungen Gottes) sind: durch Blut besiegelte Bündnisse, Rechtschaffenheit und Glaube. Obwohl diese drei Themen in dem Buch nicht sehr tiefschürfend behandelt werden können, gibt es Ihnen meiner Meinung nach genügend Hilfestellungen zum Wachstum. Sie werden keine Falschheiler aus dem New-Age Alternativheilungsmarkt mehr benötigen. Wenn Sie geduldig sind und versuchen, die Grundsätze in diesem Buch zu verstehen, werden diese Ihr Leben für immer verändern, wie sie es bei mir getan haben.

1. Krankheit und Leiden - wie es begann

Krankheit und Leiden haben ihren Ursprung in der Sünde (siehe Katechismus der katholischen Kirche, Textziffer 1505/440). Die Sünde kam zu Beginn durch Adam in die Welt, nachdem er Satans Lügen Glauben schenkte. Mit dieser Lüge begann die Sünde und jede Art von Schmutz, Angst und Tod. Jede Krankheit und jedes Leiden ist ein Grad des Todes, denn sie raubt uns Leben, und wenn wir krank genug werden, sterben wir. Von Anfang an war Satan mit von der Partie, um zu lügen, zu töten und den Menschen Gottes Geschenke zu rauben. In dem Moment, als Gott das Wort gesprochen hatte, war Satan auch schon bereit, Adam und Eva Gottes Fülle und Ziel für ihr Leben zu entreißen.

Die Genesis
Gott hatte die Himmel und die Erde gemacht und alles in ihnen, und seine letzte herrliche Krönung war die Erschaffung Adams. Satans Hass auf Gott brauchte nicht lange, um Gottes liebstes Geschöpf tief zu treffen – den Menschen!

„Lasst uns Menschen machen als unser Abbild, uns ähnlich. Sie sollen herrschen über die Fische des Meeres, über die Vögel des Himmels, über das Vieh, über die ganze Erde und über alle Kriechtiere auf dem Land. Gott schuf also den Menschen als sein Abbild; als Abbild Gottes schuf er ihn. Als Mann und Frau schuf er sie. Gott segnete sie, und Gott sprach zu ihnen: Seid fruchtbar und vermehrt euch, bevölkert die Erde, unterwerft sie euch ..." (Gen 1,26-28).

Von allem, was Gott auf der Erdoberfläche erschaffen hat, war nur der Mensch nach seinem göttlichen Abbild und ihm ähnlich. Daran zeigt sich, wie viel Liebe und Respekt Gott für diese schönste seiner Kreaturen hatte. Gott gab Adam vollkommene Autorität über seine Schöpfung und segnete ihn mit allem, was er je für seinen Erfolg benötigen würde. Gott hatte für ihn sogar einen ganz besonderen Ort vorbereitet, der Garten von Eden hieß. Dies muss ein ausgesprochen schöner Ort gewesen sein, da Gott selbst ihn aus allen Gegenden der Erde als besonderes Geschenk für Adam und Eva ausgewählt hatte. Gott hatte ihn mit allem ausgestattet, was sie je benötigen würden, um ein Leben in Fülle zu führen. Darunter war auch der Baum des Lebens in der Mitte des Gartens, neben dem Baum der Erkenntnis von Gut und Böse (Gen 2,8-9).

Die göttliche Anweisung
Vor der Erschaffung Evas gab Gott Adam dieses Gebot: „Von allen Bäumen des Gartens darfst du essen, doch vom Baum der Erkenntnis von Gut und Böse darfst du nicht essen; denn sobald du davon isst, wirst du sterben." (Gen 2,16-17) Dies ist eine sehr wichtige Tatsache, denn Adam hatte diese Anweisung von Gott vor der Erschaffung Evas erhalten. Gott hatte Adam die Herrschaft über die ganze Erde übertragen, und es war seine Verantwortung, sich darum zu kümmern. Es war auch Adams Verantwortung, Eva davon zu unterrichten, was Gott bezüglich der Bäume in der Mitte des Gartens gesagt hatte.

Satan tritt in Erscheinung
Da Eva nicht anwesend war, als Gott Adam seine Anweisungen gab, nützte der Teufel (der dort war) diese Situation aus und sprach Eva auf die Bäume an. Er sprach vorsichtig zu ihr über den Baum der Erkenntnis von Gut und Böse, ohne den Baum des Lebens überhaupt zu erwähnen. Mit dieser sehr subtilen Abweichung irritierte er Eva und ließ sie unvorsichtig werden.

Als der Satan Evas Aufmerksamkeit vom Baum des Lebens abgelenkt hatte, richtete er ihre Aufmerksamkeit auf den Baum der Erkenntnis von Gut und Böse. Dann begann er, die Wahrheit heimtückisch zu verdrehen. Er stellte ihr eine verzerrte Frage, die richtig klang: „Hat Gott wirklich gesagt: Ihr dürft von keinem Baum des Gartens essen?" Damit flößte er einen Zweifel über das tatsächlich Gesagte ein.

Um die ruchlose Natur dieser Frage zu verstehen, müssen wir zu dem zurückgehen, was Gott wirklich gesagt hat, und zwar: „Von allen Bäumen des Gartens darfst du essen, doch vom Baum der Erkenntnis von Gut und Böse darfst du nicht essen; denn sobald du davon isst, wirst du sterben."

Eva war nun irritiert. Sie antwortete dem Teufel, indem sie Gott falsch zitierte: „Von den Früchten der Bäume im Garten dürfen wir essen; nur von den Früchten des Baumes, der in der Mitte des Gartens steht, hat Gott gesagt: Davon dürft ihr nicht essen, und daran dürft ihr nicht rühren, sonst werdet ihr sterben." Beachten Sie, dass Eva nicht zwischen den beiden verschiedenen Bäumen in der Mitte des Gartens unterschied. Außerdem sagte Gott nichts über das Berühren. Satan nützte das aus und begann sofort, Gott einen Lügner zu nennen. „Nein, ihr werdet nicht sterben." Gleich mit dem nächsten Atemzug spielt er darauf an, dass Gott ihr etwas vorenthält. „Gott weiß vielmehr: Sobald ihr davon esst, gehen euch die Augen auf; ihr werdet wie Gott und erkennt Gut und Böse."

Zwei Worte sind es, die Satan in vollem Maße ausnützt. Es sind die Worte „sterben" und „Böse". Warum? Weil sie das Böse bis dahin weder gekannt noch erfahren hatten. Auch Tod gab es nicht. Dies waren fremde Worte und Begriffe für Eva, weshalb Satan sie ausnützte, um in ihr Zweifel zu erzeugen hinsichtlich dem, was sie dachte, von Gott verstanden zu haben. Dieses Argument ergab für Eva Sinn und sie schluckte es – mit allem drum und dran!

Beachten Sie auch, dass Satan sagte, sie würden wie Götter sein. Was für eine Frechheit! Sie waren bereits wie Götter, weil sie als göttliches Abbild erschaffen wurden! Beachten Sie ebenfalls, dass der Gedanke, sie würden Gut und Böse erkennen, Satans größte Irreführung war. Erstens kannten sie bereits das Gute; Satan bot nur das Böse. Und genau das erhielten sie: Die Frucht des Baumes der Erkenntnis von Gut und Böse war das Böse! Satans Taktik war nicht, sie Gott hassen zu lassen, sondern sie ihn vergessen zu lassen, und das ist noch heute sein größtes Bestreben. Wir sehen, dass vom Weg abgekommene Christen Gott nicht so sehr hassen, sondern ihn vielmehr vergessen haben. Ihr Leben kreist um andere Dinge, die Gott ausschließen, so dass Satan sie genau dort hat, wo er sie haben will.

Sünde, Krankheit und Tod treten auf

Eva überredete Adam, ihrem Beispiel zu folgen. In genau diesem Moment strömten die Sünde und alle Mächte des Bösen in die Welt und mit ihnen Krankheit, Leiden und Tod! Satan gewann Herrschaft über die Erde, weil Adam seine Autorität aufgab. Satan wurde nun rechtskräftig der Gott dieser Welt und mit ihm all der Schmutz seines finsteren Reiches.

Sie wundern sich vielleicht, weshalb es Adams und nicht Evas Sünde war, die all das bewirkte? Im Kapitel 3,6 von Genesis heißt es, „sie gab auch ihrem Mann, der bei ihr war, und auch er aß.". Adam war bei Eva, während der Teufel sie täuschte, und er unternahm nichts dagegen! Gott übergab Adam die „Befehlsgewalt" und Adam hätte jederzeit seine Autorität über Satan in Anspruch nehmen können, aber er tat es nicht! Adam beschützte seine Frau nicht und akzeptierte die Lüge, anstatt an der Wahrheit des Wortes Gottes festzuhalten.

Adam und Eva begannen, zum ersten Mal Angst zu erfahren (Gen 3, 10), und das erste, wovor sie sich fürchteten, war Gott selbst. Gott lehrte sie keine Angst, und er lehrt sie auch Sie und mich nicht. Jede Angst steht in Verbindung mit Bestrafung und Tod, und Angst ist das Gegenteil von Glaube! Wir sehen deutlich, dass Krankheit und Leiden ihren Ursprung in der Sünde haben, wie der katholische Katechismus besagt, und dass jede Krankheit ein Grad des Todes ist.

Die Gebundenheit durch ein falsches Kreuz

Es ist wahr, dass jede Form von Krankheit, Gebrechlichkeit und Leiden uns aufgrund unserer großen Bedürftigkeit näher zu Gott bringen kann. Das bedeutet aber nicht, dass wir sie als Schicksal annehmen und damit leben müssen. Das hat Jesus nicht gemeint, als er sagte, „Nehmt mein Joch auf euch und lernt von mir". Er lehrte nicht, dass Krankheit, Gebrechlichkeit und Leiden ausgesprochen gut für die Seelen wären oder dass Sie sie einfach als Kreuz ertragen sollten.

Diese Art von nicht schriftgemäßer Lehre hat über Jahrhunderte hinweg Millionen in der Hoffnungslosigkeit gefangen gehalten mit ihrer Doktrin des Schicksals anstatt der des Glaubens. Es ist an der Zeit, diese falsche Lehre ein für alle Mal aufzudecken! Sein Kreuz auf sich zu nehmen bedeutet, das Evangelium auf sich zu nehmen, nicht seine Krankheit oder sein Leiden. Wenn Krankheit und Leiden gut für Sie sind, dann brauchen Sie keinen Doktor um Heilung bitten. Niemand braucht für Sie um Heilung zu beten, wenn es besser ist krank zu sein; warum sich selbst berauben?

Wenn sich das herzlos anhört, will ich an Ihren gesunden Menschenverstand appellieren. Nehmen wir einmal an, Sie gingen zu Ihrem Arzt in der Gewissheit, dass er die Heilmittel für Sie hat, aber stattdessen sagt er zu Ihnen: „Ich werde Sie nicht behandeln, denn ich glaube, das ist gut für Ihre Seele; gehen Sie jetzt und ertragen Sie es mit Geduld." Was würden Sie von diesem Arzt halten? Können Sie sich vorstellen, was Sie empfinden würden, wenn der Arzt dasselbe über Ihr krankes Kind sagen würde? Wie kommt es dann, dass wir Jesus, dem göttlichen Heiler, je so etwas Herzloses und Grausames zutrauen können? In der Heiligen Schrift kann ich keinerlei Rechtfertigung für eine solch ungläubige Haltung finden.

Ich behaupte nicht, dass wir keine Medizin einnehmen oder keinen Arzt aufsuchen sollen. Was ich sage, ist, dass wir Gott nicht erst einschalten sollen, wenn wir keinen anderen Ausweg mehr wissen. Wir sollten zuerst zu ihm gehen! Im Glauben an sein Wort, dass er uns positiv antworten wird, und dann alle erforderlichen vernünftigen Maßnahmen ergreifen und im Glauben vorangehen, bis die Heilung eintrifft.

Unglaube ist Sünde! Lassen Sie sich deshalb nicht von Satan berauben, wie er es mit Adam getan hat, sonst werden Sie ein falsches Kreuz tragen: ein Kreuz, das Sie dem Joch der Gefangenschaft und Unterdrückung unterwirft, das fähig ist, Sie erbarmungslos umzubringen. Es ist ein Kreuz ohne die Kraft, Sie zu retten. Was also ist die Antwort auf Sünde,

Krankheit, Leiden, Unterdrückung, Tod und die Blindheit als Folge von Adams und Evas geöffneten Augen? Nun, liebe Leserin und lieber Leser, es gibt eine gute Nachricht.

2. Komm, Jesus von Nazareth

Als Jesus seine Mission auf Erden nach seiner Taufe im Jordan durch Johannes den Täufer begann, kehrte er in der Kraft des Heiligen Geistes nach Galiläa zurück. Er betrat die Synagoge in Nazareth, wie er es sein ganzes Leben lang getan hatte, außer dass es an diesem Tag ganz anders war; die Menschen, die Jesus, den Zimmermannssohn, kannten, hatten nicht das von ihm zu hören erwartet.

Die Kundgebung

„Als er aufstand, um aus der Schrift vorzulesen, reichte man ihm das Buch des Propheten Jesaja. Er schlug das Buch auf und fand die Stelle, wo es heißt: Der Geist des Herrn ruht auf mir; denn der Herr hat mich gesalbt. Er hat mich gesandt, damit ich den Armen eine gute Nachricht bringe; damit ich den Gefangenen die Entlassung verkünde und den Blinden das Augenlicht; damit ich die Zerschlagenen in Freiheit setze und ein Gnadenjahr des Herrn ausrufe. Dann schloss er das Buch, gab es dem Synagogendiener und setzte sich." (Lk 4,16b-20a)

Es war nicht das erste Mal, dass sie diesen Abschnitt hörten. Jesus musste diesen Schrifttext in derselben Synagoge schon oft zuvor gelesen haben, und doch war an diesem Tag in Nazareth etwas ganz anderes darin enthalten. Diesmal sprach Jesus erfüllt vom Heiligen Geist, der bei seiner Taufe im Jordan auf ihn herabkam. Die Menschen staunten und starrten ihn nur an. Dann sagte er zu ihnen: „Heute hat sich das Schriftwort, das ihr eben gehört habt, erfüllt." (Lk 4,21)

Was für eine erstaunliche Aussage! Die Wirkung dieser Worte Jesu auf die Zuhörer in der Synagoge von Nazareth an diesem Sabbat vor 2000 Jahren hallt uns durch die Jahrhunderte hindurch heute entgegen. Auch wir können seine Aussage entweder annehmen oder zurückweisen, aber wir können sie nicht ignorieren. Entweder hat es sich erfüllt oder nicht! Was wir von den Worten Jesu annehmen oder zurückweisen, wird unsere Lebensqualität von diesem Moment an bestimmen.

Die Herausforderung

Jesus rechtfertigte seine Worte an die Nazoräer nicht (Mt 2,23) und er rechtfertigt sie auch nicht uns gegenüber. Wenn Jesus genau das meinte, was er sagte, dann stehen wir vor einer Herausforderung: eine Herausforderung, die unser vorgefasstes Verständnis von Wohlstand, Freiheit, Blindheit, Gesundheit und Unterdrückung sowie dem, was Gott „gefällt", auf den Kopf stellen wird. Sie wird unseren Glauben an Gottes vollkommenen Willen hinsichtlich unserer Lebensqualität hier und jetzt und wie wir unser Leben gestalten sollen ernsthaft in Frage stellen.

Jesus sagte im Johannesevangelium Kapitel 10,10: „Der Dieb kommt nur, um zu stehlen, zu schlachten und zu vernichten; ich bin gekommen, damit sie das Leben haben und es in Fülle haben." Im griechischen Originaltext wird für „Leben" das Wort „zoe" gebraucht, was Leben, Bewegung, Aktivität bedeutet. Jesus sagt, dass dieses Leben (zoe) sich nicht nur auf unsere irdische Zeitspanne bezieht. Es umfasst alle unsere Aktivitäten und Bemühungen jetzt und in alle Ewigkeit. Es bezieht sich auf eine Lebensfülle auf jedem Gebiet unserer unmittelbaren und ewigen Existenz: Körper, Seele, Geist, zeitlich und materiell.

Das Vine-Wörterbuch für Begriffe des Neuen Testaments erklärt „zoe" wie folgt: „Leben als Prinzip, Leben im absoluten Sinn, Leben, wie Gott es hat, das, welches der Vater in sich selbst hat und das er dem Eingeborenen Sohn gab, um es in sich selbst zu haben, und das der Sohn der Welt kundtut". Websters Wörterbuch erklärt „Fülle" als „ein Übermaß; Steigerung von überfließend, in ausreichendem Maße, Wohlstand, Reichtum". Wenn wir nun den Text im Lichte dieses Verständnisses umschreiben, hört er sich etwa so an: „Ich bin gekommen, damit sie das Leben in der absoluten Bedeutung von Leben haben; Leben, wie Gott es in sich trägt. Damit sie das Leben in seiner Fülle haben und es sogar noch reichlicher und mehr als überfließend in jedem Bereich ihrer Existenz haben, jetzt und in alle Ewigkeit."

Aus genau diesem Grund ist Jesus gekommen. Nach Johannes 10,10 ist Gottes vollkommener Wille für uns, dass wir glauben und die Möglichkeit haben, die Fülle des Lebens in diesem Übermaß zu leben. Da dies der Fall ist, wünscht sich Gott so viel mehr für uns, als wir uns vorstellen können.

Die Verheißung: das Jubeljahr

In manchen Bibelübersetzungen von Lukas Kapitel 4 Vers 19 heißt es, „und ein Jubeljahr des Herrn ausrufe". Das Jubeljahr wurde jedes 50. Jahr gefeiert, in ihm wurden alle Schulden erlassen. Wenn ein Mann zu diesem Zeitpunkt einem anderen einen Geldbetrag schuldete, erließ der Verleiher die Schuld. Wenn jemand einem Geldleiher etwas schuldete, erließ der Geldleiher ebenfalls die Schuld. Wer Sklave war, wurde freigelassen, und jeder fing wieder neu an, vollkommen frei von aller Schuld (Lev 25ff).

Als Jesus den Jubeltag ausrief, bezog er sich auf die Sünde und ihre Auswirkungen in Form von Armut, Krankheit, Tod und Leiden. Er rief einen „Tag der Erlösung" aus, an dem Gott selbst alle Schuld auslöscht, und dieser erfüllte sich in dem Augenblick, als Jesus, der „Bote des Bundes" (Mal 3,1), an dem Tag in Nazareth vor 2000 Jahren diese Worte aussprach.

Von diesem Moment an fand jeder Gefallen vor Gott, gleichgültig, wer er war oder was er getan hatte, wenn er es bereute und Jesus als seinen Herrn und Retter annahm. Dies zeigt sich in der Tatsache, dass Jesus Sünden vergab, noch bevor er den Preis für unsere Sünde, Krankheit, Leiden, unseren Tod und unsere Gebrechlichkeit am Kreuz auf Golgotha bezahlt hatte.

Diese Verkündigung Jesu von Nazareth bedeutete, dass Heilung, Rettung, Leben und Freiheit jedem zur Verfügung stehen, auch Ihnen und auch während Sie dieses Buch lesen, bis er in Herrlichkeit kommt, um die Lebenden und die Toten zu richten und Satan und sein Reich in einen See von brennendem Schwefel hinabgestürzt werden (Offb 20,10). Gegenwärtig leben wir noch im „Gnadenjahr", im „Jubeljahr", und diese Verheißung von Jesaja 61,1-2 erfüllte sich, als Jesus sie vor zweitausend Jahren in Nazareth aussprach.

Wenn dem so ist, fragen Sie vielleicht, warum dann so viel Böses in der Welt ungehindert sein Unwesen treibt. Und wenn es so einen guten Gott gibt, warum existiert dann weiterhin so viel Grausamkeit und Unrecht? Warum sind so viele Menschen krank, arm, gebrechlich, unterdrückt und sterben vor ihrer Zeit? Die direkte Antwort auf diese Fragen ist einfach folgende: unsere Sünde und die Art, wie wir unseren freien Willen einsetzen. Es ist das, was ich „Nazoräersyndrom" nenne. Satan nützt dieses Syndrom gänzlich aus und verzerrt die Wahrheit, wie er es zu Beginn gemacht hat, um das von uns fernzuhalten, was Gott wirklich durch Christus in unserem Leben vollbringen möchte. Jesus kam, um uns von der Macht der Sünde und des Todes zu befreien, und wenn wir ihm aus freiem Willen antworten, wird er uns auch zeigen, wie wir uns Gott zuwenden können, damit er seinen vollkommenen Willen in uns erfüllen kann.

Obwohl das der Fall ist, werden nicht alle geheilt und befreit und wurden es auch nicht zur Zeit Jesu. Jesus hat jedoch niemanden zurückgewiesen, der zu ihm kam. Matthäus erzählt uns: „Jesus zog durch alle Städte und Dörfer, lehrte in ihren Synagogen, verkündete das Evangelium vom Reich und heilte alle Krankheiten und Leiden" (Mt 9,35). Hierin ist ein Geheimnis enthalten, das wir aber nicht einfach von der Hand weisen können, nur weil wir es nicht verstehen. In diesem Falle müssten wir auch den Gedanken ablehnen, dass wir lebendig sind und jetzt gerade atmen, nur weil wir es ebenso wenig erklären können. Tatsache ist, dass wir den christlichen Glauben auf der Basis von Glauben annehmen. Daher wissen wir, dass Jesus von den Toten auferstanden ist und heute lebt: aufgrund unseres Glaubens. Selbst Jesus kann nichts für uns tun, wenn wir nicht glauben, was er sagt, und entsprechend handeln.

Gott durch Glauben gefallen

Ohne Glauben ist es unmöglich, Gott zu gefallen. Wenn Jesus Glauben begegnete, reagierte er positiv darauf. Matthäus berichtet von der Reaktion Jesu auf die Worte des römischen Hauptmanns: „Jesus war erstaunt, als er das hörte, und sagte zu denen, die ihm nachfolgten: Amen, das sage ich euch: Einen solchen Glauben habe ich in Israel noch bei niemand gefunden. Geh! Es soll geschehen, wie du geglaubt hast. Und in derselben Stunde wurde der Diener gesund" (Mt 8,10.13).

Matthäus 9,36-38 zeigt Jesus gerührt von Mitleid mit den Menschenmengen, weil sie müde und erschöpft waren wie Schafe ohne Hirten. Jesus wandte sich seinen Jüngern zu und sagte ihnen: „Die Ernte ist groß, aber es gibt nur wenig Arbeiter." Aus dieser Erzählung können wir schließen, dass nach Jesu vollkommenem Willen alle geheilt werden sollten, aber er konnte nicht überall gleichzeitig sein. Er brauchte andere Helfer in diesem Dienst.

In Matthäus Kapitel 10 sandte Jesus die Jünger zu zweit aus, um das Evangelium zu verkünden, die Kranken zu heilen, die Toten aufzuerwecken und die Dämonen auszutreiben. Sie erlebten einen erstaunlichen Erfolg, noch ein Beweis für Gottes vollkommenen Willen, was unsere Heilung und die Erfüllung der Verheißung Jesajas betrifft.

Die Mission der Zweiundsiebzig war ein Vorläufer für die Mission der Kirche in der Zeit von der Auferstehung bis zur Parusie. Sie setzte Gottes Plan für die Weiterführung des Dienstes Jesu durch seine Jünger ein, der bis an die Enden der Erde reichen würde.[1]

Ihre Macht als Bevollmächtigte

Am Ende seiner Mission beauftragte Jesus die Kirche, sein Werk der Heilung fortzuführen, bis er in Herrlichkeit wiederkommt: „Geht hinaus in die ganze Welt, und verkündet das Evangelium allen Geschöpfen! Wer glaubt und sich taufen lässt, wird gerettet; wer aber nicht glaubt, wird verdammt werden. Und durch die, die zum Glauben gekommen sind, werden folgende Zeichen geschehen: In meinem Namen werden sie Dämonen austreiben; sie werden in neuen Sprachen reden; wenn sie Schlangen anfassen oder tödliches

---

[1] siehe Fußnote der „New American Bible", World Iowa Falls, IA 50126, 1987

Gift trinken, wird es ihnen nicht schaden; und die Kranken, denen sie die Hände auflegen, werden gesund werden." (Mk 16,15-18)

Wie wir sehen können, veranschaulichte Jesus durch sein Leben und seinen Dienst Gottes vollkommenen Willen. Er gab ihn dann an die Kirche weiter, und doch sind Menschen immer noch krank, unterdrückt, arm und sterben frühzeitig. Bedeutet das, dass Jesus versagt hat oder sein Wort nicht gültig ist? Natürlich nicht! Gott und sein Wort sind ein und dasselbe und können sich deshalb nicht widersprechen. „Das Nazoräersyndrom" (s. S. 24) scheint das wirkliche Problem zu sein, sowohl für die Menschen zur Zeit Jesu, als auch für die Menschen heute.

3. Das „Nazoräersyndrom"

Kaum hatte Jesus seine Mission begonnen und die Erfüllung der Verheißung Jesajas verkündet, gerieten die Menschen außer sich über das, was er zum Thema Glaube und Heilung sagte. Sie trieben ihn aus der Stadt hinaus mit der Absicht, ihn den Bergabhang hinabzustürzen und zu töten. Glücklicherweise entkam ihnen Jesus und begann, alle zu heilen, die zu ihm kamen.

Später kehrte Jesus nach Nazareth zurück. Matthäus hielt dieses Ereignis in Kapitel 13,54-58 fest, wo er sagt: „Jesus kam in seine Heimatstadt und lehrte die Menschen dort in der Synagoge. Da staunten alle und sagten: Woher hat er diese Weisheit und die Kraft, Wunder zu tun? Ist das nicht der Sohn des Zimmermanns? Heißt nicht seine Mutter Maria, und sind nicht Jakobus, Josef, Simon und Juda seine Brüder? Leben nicht alle seine Schwestern unter uns? Woher also hat er das alles? Und sie nahmen Anstoß an ihm und lehnten ihn ab. Da sagte Jesus zu ihnen: Nirgends hat ein Prophet so wenig Ansehen wie in seiner Heimat und in seiner Familie. Und wegen ihres Unglaubens tat er dort nur wenige Wunder."

Der Wink

Das von mir so genannte „Nazoräersyndrom" enthält den Wink. Jesus war es unmöglich, in Nazareth Menschen zu heilen; nicht, weil er es etwa nicht wollte (er wollte es), sondern weil er es nicht konnte. Zwei Gründe gab es hierfür: (a) „sie nahmen Anstoß an ihm", und (b) „wegen ihres Unglaubens". Es war nicht Jesu Glaube oder Unglaube, sondern ihr eigener Unglaube, ihr Ärger und ihre Verschlossenheit, die Gott von einer Heilung abhielten – nicht Gott!

Wie wir gesehen haben, handelte Jesus unter der Salbung des Heiligen Geistes und sprach nun mit Autorität. Da sie mit seinem früheren Leben vertraut waren, glaubten sie nicht, was er ihnen jetzt sagte. Folglich fühlten sie sich durch seine scheinbare Kühnheit angegriffen und wurden wütend. Wären sie umgekehrt und hätten den Worten Jesu geglaubt (Röm 10,17), hätte dies ihren Glauben an ihn lebendig gemacht und sie hätten die Frucht des Wortes Gottes an ihrem eigenen Leib erfahren. Da sie jedoch nicht glaubten, waren sie nicht offen für seine Lehre und blieben unverändert. Traurigerweise scheint das „Nazoräersyndrom" auch der Grund zu sein, weshalb so viele Menschen heute krank, gebrechlich, arm, blind und unterdrückt bleiben und frühzeitig sterben.

Ein uraltes Problem
Dies war kein neues Problem. Elischa machte dieselbe Erfahrung mit Naaman, dem Feldherrn des Königs von Aram. Naaman war hoch angesehen und hatte bedeutende Siege für Aram errungen, aber er litt an Aussatz. Auf Empfehlung von Naamans Dienerin wurde Naaman mit einem Brief des Königs von Aram geschickt, um den König von Israel aufzusuchen, so dass dieser ihn von seinem Aussatz heilen könnte. Der König von Israel zerriss seine Kleider und empörte sich über diesen Gedanken. Als Elischa davon erfuhr, fragte er beim König von Israel nach und bat ihn, Naaman zu ihm zu schicken.

Naaman ging mit Pferd und Wagen zu Elischa und hielt vor seinem Haus. Aber der Prophet kam nicht zu Naaman hinaus; er sandte ihm eine Botschaft: „Geh und wasch dich siebenmal im Jordan! Dann wird dein Leib wieder gesund." Daraufhin ging Naaman zornig weg und sagte: „Ich dachte, er würde herauskommen, vor mich hintreten, den Namen Jahwes, seines Gottes, anrufen, seine Hand über die kranke Stelle bewegen und so den Aussatz heilen. Sind nicht der Abana und der Parpar, die Flüsse von Damaskus, besser als alle Gewässer Israels? Kann ich nicht dort mich waschen, um rein zu werden? Voll Zorn wandte er sich ab und ging weg." (2 Kön 5,9-12)

Sie können Naamans egozentrische Undankbarkeit heraushören: „Wenn du mich nicht auf meine Weise heilst, packe ich meine Sachen und gehe wieder heim, fertig!" Also nicht einmal Gott konnte Naaman hier helfen. Durch seinen Zorn und seine Entrüstung entschied er sich für seinen Aussatz. Hätten seine Diener ihn nicht umgestimmt, hätte sein Zorn ihn aufgefressen und er wäre an seiner Krankheit gestorben. Er kehrte jedoch um, änderte seine Einstellung und befolgte Elischas scheinbar törichte Anweisungen. Als Ergebnis wurde Naamans Leib wieder gesund wie der eines kleinen Kindes, und er war rein (s. V. 13-14).

Unglaublich, Gott macht keine halben Sachen. Er ist ein Gott der Fülle! Ich weiß nicht, wie alt Naaman war, aber als Feldherr des Königs war er sicher kein kleines Kind mehr. Für Gott wäre es ausreichend gewesen, seinen Leib altersgerecht wiederherzustellen, aber Gott ging weiter und gab ihm eine brandneue Babyhaut. Natürlich war Naaman dann mit Dankbarkeit erfüllt und wollte Elischa mit einem Geschenk belohnen, aber der Prophet wies es zurück. Naaman erhielt eine neue Gesinnung, eine „dankbare Gesinnung". Das kommt bei Gott immer gut an.

Das korinthische Problem
Paulus fand ein ähnliches Problem bei den Christen in Korinth vor. Ihre Feier des Herrenmahls artete immer mehr in Gefräßigkeit und Trunkenheit aus. Sie missbrauchten die charismatischen Gaben des Heiligen Geistes, und ihre Haltung brachte Krankheit, Gebrechlichkeit und vorzeitigen Tod ein. Paulus schrieb über ihre Sünde: „Denn wer davon isst und trinkt, ohne zu bedenken, dass es der Leib des Herrn ist, der zieht sich das Gericht zu, indem er isst und trinkt. Deswegen sind unter euch viele schwach und krank, und nicht wenige sind schon entschlafen." (1 Kor 11,29-30)

Paulus bräuchte die Krankheit, die Gebrechlichkeit und den Tod nicht in Verbindung mit der Heiligen Kommunion bringen, wenn es nicht Gottes vollkommener Wille wäre, durch sie den Menschen Gesundheit und ein erfülltes Leben zu schenken. Es gibt diese direkte Verbindung zwischen der Eucharistie (dem Leib des Herrn) und körperlicher Gesundheit.

„Dieses ‚Urteil' wird konkret als die Krankheit, die Gebrechlichkeit und der Tod beschrieben, welche die Gemeinschaft heimgesucht haben. Sie sind Zeichen dafür, dass die Kraft des Todes Jesu noch nicht vollkommen erkannt und erfahren wird. Aber selbst das Eintreten dieses Urteils ist ein Ausdruck von Gottes Fürsorge; es ist eine medizinische Maßnahme, die uns vor der Verdammnis mit Gottes Feinden retten soll."[1]

Aus den Worten des Paulus geht klar hervor, dass wir den Leib des Herrn erkennen müssen, bevor wir die Früchte des Opfers Jesu auch an unserem Leib ernten können.

---

[1] *Fußnote der „New American Bible" (zu 1 Kor 11), World Iowa Falls, IA 50126, 1987*

4. Göttliche Gesundheit

Den Leib erkennen

In 1 Kor 11,29-30 verweist Paulus direkt auf die Heilige Kommunion (die Eucharistie). Warum müssen wir dabei den Tod Jesu erkennen? Jesus ist auferstanden; das ist doch jetzt sicher wichtiger? Warum müssen wir uns an seinen Tod erinnern? Einfach deshalb, weil sein Sterben an unserer Stelle den Sieg über Sünde und Tod errungen hat. Jesus ist das Paschalamm. „Auf dem Kreuz nahm Christus die ganze Last des Bösen auf sich. Er nahm die ,Sünde der Welt‘ hinweg (Joh 1,29), von der Krankheit eine Folge ist.“[1] Paulus und die Kirche lehren klar und deutlich, dass wir durch das Erkennen des Leibes des Herrn körperliche Heilung, die Vergebung der Sünde und Leben in Fülle erwarten können. Wie können wir nun den Leib des Herrn erkennen, um in den Genuss dieser wunderbaren Verheißung zu kommen?

Der Prophet Jesaja gibt uns die Antwort

Jesaja Kapitel 53 gibt uns eine Beschreibung des Herrn, die uns helfen wird, die Verbindung zwischen dem Leib und der Vergebung der Sünde sowie die direkte Beziehung von körperlicher Heilung mit dem Bundesmahl des Neuen Testamentes zu sehen, von dem Paulus sagt: „Denn sooft ihr von diesem Brot esst und aus dem Kelch trinkt, verkündet ihr den Tod des Herrn, bis er kommt.“

In Jesaja 53,3-6 heißt es: „Er wurde verachtet und von den Menschen gemieden, ein Mann voller Schmerzen, mit Krankheit vertraut. Wie einer, vor dem man das Gesicht verhüllt, war er verachtet; wir schätzten ihn nicht. Aber er hat unsere Krankheit getragen und unsere Schmerzen auf sich

---

[1] *aus: Katechismus der katholischen Kirche, R. Oldenbourg Verlag, München/Wien, Benno Verlag, Leipzig, Paulusverlag, Freiburg/Schweiz, Veritas, Linz, 1992, Textziffer 1505*

geladen. Wir meinten, er sei von Gott geschlagen, von ihm getroffen und gebeugt. Doch er wurde durchbohrt wegen unserer Verbrechen, wegen unserer Sünden zermalmt. Zu unserem Heil lag die Strafe auf ihm, durch seine Wunden sind wir geheilt. Wir hatten uns alle verirrt wie Schafe, jeder ging für sich seinen Weg. Doch der Herr lud auf ihn die Schuld von uns allen."

Wenn wir diesen Text sorgfältig untersuchen, stellen wir fest, dass er sich gleichermaßen auf unsere Sünde, Schuld, Leiden, Gebrechlichkeiten und unseren Tod bezieht, sowohl geistig als auch körperlich, und dass er in der Vergangenheitsform geschrieben wurde. Dem Propheten Jesaja zufolge hatte er sich schon erfüllt, als er ihn aussprach. Jesaja konnte dies vor der Ankunft des Erlösers tun, denn das prophetische Wort, das er aussprach, ist dieser Erlöser selbst, das Ewige Wort Gottes, das am Anfang bei Gott war. Er ist das Wort, das in die Welt kommen soll, um das Recht und den Willen Gottes in sich selbst zu erfüllen. Gottes Wort erfüllt sich in dem Moment, in dem Gott es ausspricht, selbst wenn es oft erst zu einer späteren, vorherbestimmten Zeit sichtbar wird. So ist es auch mit dem Kommen Jesu von Nazareth, den Johannes als Erlöser und Fleisch gewordenes Wort offenbart. (s. Joh 1,1-17)

In Josua 6,1-17 finden wir ein Beispiel dafür, dass Gottes Wort sich in dem Moment erfüllt, in dem er es ausspricht, dies aber erst zu einem späteren Zeitpunkt sichtbar wird. Josua steht der scheinbar unmöglichen Aufgabe gegenüber, die mächtige Stadt Jericho zu erobern. Jericho war keine kleine Stadt. Sie war stark befestigt, und die Mauern um sie herum waren breit genug, um darauf Wagenrennen durchzuführen, was die Bewohner auch oft taten.

In Kapitel fünf wird festgehalten, dass Josua und die Israeliten gerade das Paschafest gefeiert hatten. In Kapitel 6,1-5 heißt es, dass Jericho sich im Besatzungszustand befand, und die Erzählung fährt fort: „Da sagte der Herr zu Josua: Sieh her, ich gebe Jericho und seinen König samt seinen Kriegern in deine Gewalt." Gott wies Josua dann an, wie er weiter verfahren sollte. Sieben Tage brauchte es, bis die mächtigen Mauern um Jericho einstürzten und die Israeliten die Stadt in Besitz nahmen.

Beachten Sie, dass Gott sieben Tage vor Einsturz der Mauern sagte: „... ich gebe Jericho und seinen König in deine Gewalt" (in der englischen Übersetzung steht dieser Text in der Vergangenheitsform, Anm. d. Red.). Jericho wurde in dem Moment erobert, als Gott das Wort sprach! Josua musste dem von Gott Gesagten Glauben schenken und wie Naaman Gottes scheinbar törichte Anweisungen befolgen, bevor das, was auf übernatürliche Weise bereits in Josuas Besitz und von ihm besiegt war, auch auf natürlicher Ebene sein Besitz und Sieg wurde. Als Josua Gottes Anweisungen befolgte, erhielt er, was Gott in seinem Wort verhieß. Genau so ist es auch im Hinblick auf Ihre Heilung. Gott hatte das Wort durch Jesaja schon ausgesprochen, und es erfüllte sich durch Jesu Wort in der Synagoge von Nazareth. Es vollendete sich am Kreuz, nachdem Jesus ebenfalls das Paschafest gefeiert hatte, außer dass er nun das Lamm und das vollkommene Opfer war; darin liegt unser Sieg und unser Besitz. Es gehört bereits uns.

In Erwartung göttlicher Gesundheit

Jesaja 53 ist Gottes zweischichtiger Plan für unsere Erlösung. Wir können diesen Text nicht nach eigenem Ermessen aufspalten in Sünde auf der einen und körperliche Heilung auf der anderen Seite, denn er wurde in einem Atemzug ausgesprochen. So sicher wie Gott Sünden vergibt, so sicher schenkt er auch körperliche Heilung. Gott sorgt sich um jeden Bereich unserer Existenz: „... durch seine Wunden sind wir geheilt." Wenn Sie erkennen, was das für Sie bedeutet, und an die Verheißungen Gottes glauben, werden Sie ebenfalls all das empfangen, was das Wortes Gottes enthält, und es wird sich in Ihrem Leben erfüllen, weil es ihnen bereits durch göttliches Recht zusteht.

Blockaden für die göttliche Heilung

Gottes normaler Wille für Sie ist, in göttlicher Gesundheit zu leben. Es gibt jedoch viele Gründe dafür, weshalb Menschen keine körperliche Heilung erfahren und schuldig bleiben (Jes

53,61), obwohl ihre Sünden vergeben wurden. Hier sind verschiedene Ursachen, denen ich über die Jahre begegnet bin:

1. Sie haben die Gute Nachricht nicht gehört.
2. Sie haben die Gute Nachricht nicht verstanden.
3. Sie sind wütend auf Gott.
4. Sie handeln nicht nach dem, was sie vorgeben zu glauben.
5. Weil das Erbetene nicht eintraf, als sie es erwarteten, denken sie, sie haben es nicht erhalten.
6. Sie sind unversöhnlich anderen, sich selbst oder Gott gegenüber.
7. Sie glauben, Gott liebt alle anderen, nur sie selbst nicht, und wird sie deshalb nicht heilen.
8. Im Gebet drückt sich Unstimmigkeit aus.
9. Weder lesen sie noch verstehen sie ihre Bibel.
10. Sie haben Sünden nicht bekannt.
11. Sie geben sich mit Okkultem und New Age ab.
12. Sie neigen zu Intellektualismus,
13. Zynismus und
14. Pharisäertum.
15. Weder kennen sie noch verstehen sie ihre Bundesrechte.
16. Sie sind ungeduldig.
17. Sie wenden Praktiken aus anderen Religionen an.

Es gibt viele andere Gründe, die göttliche Heilung blockieren können. Wenn Sie aber aus den oben erwähnten irgendwelche in Ihrem eigenen Leben wiedererkennen, können Sie durch Umkehr etwas dagegen tun. Sie können dann beginnen, positive Schritte zu unternehmen, um die Situation wieder ins Lot zu bringen: Glauben Sie dem Wort Gottes und handeln Sie danach (Joh 1,21-25)!

Sofortige Heilung ist üblich im Heilungsdienst und wir sollten sie immer erwarten. Jesus sagte in Markus 16,18, sie „werden gesund werden." Dies ist eine göttliche Verheißung, die eintreffen wird, die aber ableiten lässt, dass Heilung auch Zeit beanspruchen kann. Wenn die Heilung also nicht sofort eintrifft, keine Angst. Sie brauchen sich nicht schuldig zu fühlen. Das bedeutet nicht, dass Sie keinen Glauben haben.

Jeder hat Glauben; er ist jedem menschlichen Wesen in die Wiege gelegt. Wenn dem nicht so wäre, würden wir uns nicht auf einen Stuhl setzen, ohne vorher zu überprüfen, ob er unser Gewicht aushalten wird. Was oder wem wir glauben, ist entscheidend für das Ergebnis. Unser „natürlicher menschlicher Glaube" wird „übernatürlich" aktiviert, wenn wir uns entscheiden, dem Wort Gottes zu glauben. Dann wird unser Glaube eine übernatürliche Fähigkeit, ohne Beweise zu glauben.

Wenn wir glauben, dass Heilung eintreten wird, unseren Glauben auf Jesu Verheißung richten und uns selbst erlauben, Gott in der Zwischenzeit dankbar zu sein, wird das die Genesung beschleunigen. Wir sollten dem „Nazoräersyndrom" des Unglaubens keine Möglichkeit geben, unser Leben zu beherrschen. Dies wird Gottes Heilung an uns blockieren, wie es auch Jesus davon abgehalten hat, die Menschen in Nazareth zu heilen.

„Feuer und Wasser sind vor dich hingestellt; streck deine Hände aus nach dem, was dir gefällt. Der Mensch hat Leben und Tod vor sich; was er begehrt, wird ihm zuteil." (Sir 15,16-17) Wähle deshalb das Leben! Gottes Wort ist Leben (Joh 6,63).

Jesus ist die Wahrheit, die Sie befreit
Doreen war eine Frau, mit der ich 1994 bei einer Heilungsmesse an einem Freitag Abend während einer Mission in England betete. Fast fünf Jahre lang hatte sie an einer schweren Depression und quälenden Schuldgefühlen gelitten. Mehrmals wurde sie ins Krankenhaus eingewiesen und erhielt therapeutische Begleitung, Gebet und psychiatrische Behandlung. Keines davon befreite sie von ihrer Not, die ihr Gesundheit, Freude und Frieden raubte sowie Geburtstags- und Weihnachtsfeiern mit ihrer Familie zur Qual werden ließen.

Als sie um Gebet für ihre Depression bat, fragte ich, ob sie schon immer daran gelitten habe. Sie verneinte, und ich erkundigte mich, wie es begann. Was sie mir daraufhin erzählte, war eine der traurigsten Geschichten, die ich je gehört hatte. Am 15. Dezember 1989 ging Doreen mit ein paar Freunden zu einer Weihnachtsfeier anstatt zur Party ihres jüngsten Sohnes Darren, und so nahm Darren zusammen mit ihr ein Taxi in die Stadt. Darren feierte an jenem Weihnachtstag seinen 20. Geburtstag. Doreen freute sich darauf, diesen Tag wie immer gemeinsam mit ihm und ihrer ganzen Familie zu feiern, aber dies war das letzte Mal, dass sie ihn gesund und voll Lebenskraft sehen sollte. In dieser Nacht entzündete sich ein Brand in Darrens Wohnung und Darren, dem es nicht gelang, sich ins Freie zu retten, erlitt schwere Verbrennungen an seinem ganzen Körper.

Doreen wurde früh um 6.00 Uhr am nächsten Tag geweckt und erfuhr die tragische Nachricht. Darren war im Krankenhaus und kämpfte um sein Leben. „Ich werde nie meine Gefühle vergessen, als mein anderer Sohn mich ins Krankenhaus führte und ich den armen Darren dort im Bett liegen sah. Alles, woran ich denken konnte, war: Ich habe dies meinem Sohn zugefügt! Es ist meine Schuld! Ich hätte nicht ausgehen sollen!" Drei Wochen lang betete Doreen für Darren und bat Gott, ihr zu vergeben, weil sie sich selbst nicht vergeben konnte. Am 5. Januar 1990 starb Darren schließlich an seinen schrecklichen Verletzungen.

Während der nächsten zwei Jahre schloss Doreen Gott aus ihrem Leben aus und lebte in einer Welt der vollkommenen Dunkelheit, sie sank immer tiefer in ein schwarzes Loch. „Die Schuld und Unversöhnlichkeit mir selbst gegenüber sowie all der Schmutz, der damit verbunden war, zerstörte mich ganz und gar, aber ich verdiente es, denn ich war die Ursache für die Leiden und den Tod meines Sohnes; es war alles meine Schuld! Ich wurde sehr krank und erlitt einen schweren Zusammenbruch. Ich wollte nicht mehr leben und kam zur Behandlung ins Krankenhaus." Doreen sagte, dass während dieser Jahre Weihnachten (Darrens Geburtstag) die schlimmste Zeit des Jahres war. „Unsere Familie konnte sich nicht freuen, Weihnachten existierte nicht für uns, unsere Traurigkeit war unerträglich."

Während ich Doreens qualvollen Erlebnissen zuhörte, bat ich den Herrn um die Erkenntnis, was ich sagen und tun sollte. Ich spürte ein starkes Mitgefühl in meinem Herzen wachsen. Und ich hörte Jesus zu mir sprechen: „Sag ihr, sie ist nicht schuldig, es war nicht ihr Fehler, sie hat nicht versagt, sie muss ihn loslassen." Bevor ich mit Doreen betete, gab ich ihr genau das weiter, was Jesus zu mir gesprochen hatte. „Eddie sagte, dass er mir vor dem Gebet noch etwas mitteilen müsste. Eddie wiederholte mehrere Male, ‚Es ist nicht deine Schuld. Du hast nicht versagt. Du lässt deinen Sohn nicht los.' Danach beteten Eddie und Frank mit mir und zum ersten Mal nach fast fünf Jahren fühlte ich einen großen Frieden."

Das war nicht das Ende des Heilungsprozesses; in Doreens Herz war noch ein tief verwurzelter Schmerz, der Heilung benötigte. Jesus wirkte mit seiner heilenden Liebe weiter in Doreens Leben. „Am nächsten Tag ging es mir immer noch gut und meine Söhne und Töchter kamen zu Besuch. Nach einer Weile setzte der Schmerz in mir wieder ein, er war so stark wie in der Nacht, als Darren starb. Ich dachte bei mir, da haben wir es also wieder, gleich kommen die Selbstanklagen und die Schuldgefühle zurück. Aber diesmal kamen keine Selbstanklagen in mir hoch. Ich hörte nur Eddie mir in Gedanken immer und immer wieder zusprechen: ‚Du bist nicht schuld, es ist nicht dein Fehler, du hast nicht versagt, du lässt deinen Sohn nicht los.' Ich konnte nicht fassen, wie mir geschah. Eddies Stimme war so sanft und ich dachte: ‚Was ist nur los mit mir?' Dann wurde ich sehr ruhig und still. Ich konnte diese neuen Gefühle in mir nicht verstehen und ich konnte mit meiner Familie nicht darüber reden, denn sie hätten es wohl für eine neue Verrücktheit von mir gehalten.

Jene Nacht flossen viele Tränen, und als ich weinte und weinte, erfuhr ich eine große Befreiung. Am nächsten Tag ging ich zur Messe und kann ehrlich sagen, dass ich mich erstmals nach fast fünf Jahren wirklich öffnen und Gottes Liebe empfangen konnte. Ich konnte die Heilung und die Reinigung spüren, die meinen Geist, meine Seele und meinen Körper durchfluteten. Ich habe so viel erfahren, wollte aber immer noch nicht darüber sprechen.

Am Montag Morgen stand ich auf und hatte das Gefühl, dass es großartig war zu leben. Seit Darrens Tod war es jeden Morgen: ‚Nein, nein, nicht nochmal ein Tag!‘ gewesen. Ich konnte aber immer noch dieses Leeregefühl spüren, das in mir weiterexistierte; so sagte ich mir: ‚Wenn ich am Dienstag im Seminar noch genauso empfinde, erzähle ich es Eddie.‘ Ich empfand dasselbe am Dienstag und erzählte es Eddie. Was für ein Ausdruck auf Eddies Gesicht, als ich ihm davon berichtete! Nochmals sagte er: ‚Doreen, es ist nicht dein Fehler! Du bist nicht schuld!‘ Dann, zum ersten Mal nach fast fünf Jahren, akzeptierte ich es und dieses Gefühl der Leere und der Schuld verließ mich, ich fühlte mich rein und frei!

Mein Leben hat sich seither sehr verändert. Ich freue mich auf Weihnachten dieses Jahr, und meine Familie ist so glücklich. Wir werden wieder Weihnachten feiern und ich weiß, dass Darren glücklich ist bei Jesus."

Wenn man Doreen heute sieht, sieht man eine Frau mit einem Leuchten in ihren Augen und einem Strahlen auf ihrem Gesicht, das sie mindestens zehn Jahre jünger erscheinen lässt. Das Joch der Unterdrückung ist gebrochen und die Last ist verschwunden!

Jesus sagt: „Selig die Trauernden; denn sie werden getröstet werden." Er sagte auch: „Der Dieb kommt nur, um zu stehlen, zu schlachten und zu vernichten; ich bin gekommen, damit sie das Leben haben und es in Fülle haben" (Joh 10, 10). Jesus ist die Wahrheit! Wenn der Sohn (die Wahrheit) Sie freisetzt, sind Sie wirklich frei!

An diesem wundersamen Tag vor 2000 Jahren empfing jeder Gefangene wie Doreen seine Freiheit! Jesus erklärte es für erfüllt und allein aus diesem Grund kann es auch für Sie Wirklichkeit werden, wenn Sie nur Jesus bei seinem Wort nehmen.

Teilen Sie ihm Ihre Sünde mit, egal, wie schwer sie ist, und nehmen Sie seine Vergebung im Glauben an. Freiheit von Sünde, Krankheit, Leiden und den Banden des Satans steht für jeden zur Verfügung, der im Glauben anerkennt, dass Jesus der Herr ist!

An diesem selben „Set My People On Fire"-Seminar in Birmingham, erfuhr Michael Kent, ein Skeptiker, körperliche Heilung von einer Knieverletzung durch die charismatische Gabe des Wortes der Erkenntnis (1 Kor 12,8).

„1994 begann ich, an einem stechenden Schmerz knapp über meiner linken Kniescheibe zu leiden. Beim Gehen spürte ich immer wieder plötzlich diesen schmerzlichen Stich, der mich aufschreien ließ; ich musste ein paar Sekunden anhalten und mein Knie massieren. Mit der Zeit verlor ich etwas an Sicherheit, denn selbst wenn ich einmal normal gehen konnte, erwartete ich unbewusst mit jedem Schritt erneut diesen Schmerzensstich.

Ich dachte, wenn ich den Arzt aufsuche, verschreibt er mir nur Schmerztabletten, die der Situation nicht abhelfen würden.

Zu dieser Zeit erzählte mir eine Frau aus meiner Pfarrei von einem australischen Heilungsprediger, der in die wenige Meilen entfernte Kirche ‚Our Lady's Church' in Tile Cross kommen würde. Sie sagte, sie würde gerne aus Neugier hingehen, es wäre ihr aber unwohl beim Gedanken, alleine zu gehen, ob ich mitkommen würde. Ich sagte zu.

Über die Jahre hatte ich viele pfingstlerische Heilungsgottesdienste besucht, vor allem, um das Wort zu hören. Ich blieb aber immer skeptisch, wenn Heilungen ausgerufen wurden und Menschen zu Boden fielen, nachdem man ihnen die Hände aufgelegt hatte.

Wie dem auch sei, ich fand mich beim ersten Flame-Treffen in Tile Cross wieder und Eddies Rede gefiel mir wirklich. Da ich nicht wegen einer Heilung hingegangen war, sondern nur um die Frau zu begleiten, erwartete ich nichts weiter von dem Abend. Nach seiner Predigt hob Eddie plötzlich seine Hände und sagte: „Hier ist jemand, der an einem Kniescheibenproblem leidet, und der Herr möchte sie heilen." Ich war in der vordersten Reihe und rief erstaunt: „Das bin ich." Eddie sagte dann: „Glaube, dass der Herr dich jetzt heilt. In deinem Knie bewegt sich ein kleiner Knorpel, und der Herr möchte dich heilen." Während er sprach, spannte sich die betroffene Stelle in meinem Knie an, als arbeitete ein unsichtbarer Masseur daran.

Welch eine Diagnose des Herrn durch Eddie! Eine Kniescheibe, nichts so Bedeutendes wie ein schmerzender Rücken, aber der Herr wusste über den kleinen Schmerz einer Kniescheibe Bescheid und zeigte mir, einem Skeptiker, dass Er sich darum kümmert.

Auf Wolke siebzehn kam ich anschließend aus der Kirche und war fasziniert von dem Gedanken, dass der Herr mich durch die neugierige Frau zu Eddie gebracht hatte, weil er ‚mich' heilen wollte.

Da ich seit langem arbeitslos bin, kann ich mir kein Auto leisten und bin auf ‚Schusters Rappen', also meine Beine, angewiesen, um mich fortzubewegen. Die Heilung hat mir folglich eine große Sorge abgenommen. Danke Herr und danke Flame."

Michael Kent. Alum Rock, Birmingham, England Juli 1995

Doreen und Michael waren nicht offen für Gott in dem Moment, als Jesus ihnen seine Liebe erklärte. Mit einem so kleinen Glauben waren sie jedoch fähig, das anzunehmen, was sie gehört hatten. Jesus akzeptierte diesen kleinen Glauben und konnte ihnen seine erstaunliche Liebe für sie zeigen, indem er sie an Körper und Seele heilte.

5. Ihre Bundesrechte

Wenn Sie eine Hypothek auf Ihr Haus aufnehmen, gibt es in dem Vertrag, den Sie mit der Bank unterschreiben, bestimmte Bedingungen, die eingehalten werden müssen. Wenn Sie den Vertrag erfüllen, wird Ihnen der Segen zuteil, ein eigenes Heim zu besitzen sowie alle Rechte, die sich daraus ergeben. Wenn Sie den Vertrag brechen, werden Sie bestraft und Ihr Heim könnte wieder in Beschlag genommen werden. In anderen Worten folgt der Erfüllung des Vertrags ein Segen und dessen Brechen ein Fluch. In gleicher Weise gibt es in einem Geschäftsvertrag Regeln und Bedingungen. Wie traurig und überflüssig ist es für einen leitenden Geschäftsmann, pleite zu gehen, weil er nicht verstand, dass die im Vertrag enthaltenen Bedingungen zu seinem Vorteil waren. Für Christen ist es genau dasselbe. Weil sie nicht wissen, was ihnen durch ihren Bund mit Gott in Christus zusteht, bleiben sie arm, krank, gebrechlich und unterdrückt.

(1) Eine juristische Definition
Die Bibel umfasst das Alte Testament und das Neue Testament, beziehungsweise den Alten Bund und den Neuen Bund. Dies sind rechtliche Begriffe, die eine große Bedeutung haben für unser Verständnis der Heiligen Schrift und folglich unserer Heilung und Rettung.

Webster's Wörterbuch erklärt den Begriff „Bund" als Übereinkommen zwischen zwei oder mehreren Personen zur Ausführung oder Unterlassung einer Tat; ein Pakt; ein Vertrag. Im biblischen Gebrauch bedeutet er die Übereinkunft oder das Abkommen Gottes mit dem Menschen, wie wir sie im Alten und im Neuen Testament finden. In der Rechtsprechung bedeutet „Bund" eine formelle Vereinbarung mit rechtlicher Gültigkeit; eine Nebenklausel in einer solchen legalen Vereinbarung. „Testament" ist ein Zeugnis, eine Hinterlassenschaft. In der Rechtsprechung ist es ein Dokument, durch das eine Person ihren Willen für die Verwendung ihres persönlichen Hab und Guts nach dem Tode darlegt: ein letzter Wille. Für die Hebräer bedeutet das Wort „Bund", dort zu schneiden, wo Blut fließt. So sagt Paulus: „ohne dass Blut vergossen wird, gibt es keine Vergebung (Hebr 9,22)."

Wenn nach dem säkularen Gesetz ein Wellensittich ein Vermögen erben kann, wenn es so im letzten Willen und Testament der verstorbenen Person festgelegt war, wieviel kraftvoller und unzerstörbarer muss dann der letzte Wille und das Testament Jesu Christi von Nazareth im Bezug auf Ihr Erbe sein. Durch Gottes Gesetz muss es auch erfüllt werden. Immerhin sagte Jesus, dass Sie viel mehr wert sind als die Spatzen.

(2) Einen Blutbund besiegeln

Die Hebräer waren mit den Blutopfern vertraut, welche die heidnischen Völker um sie herum praktizierten, z. B. war es gebräuchlich, Kinder zu töten als Opfer für die Götter. Die Hebräer wussten, dass der wahre Gott existiert, obwohl sie seinen Namen nicht kannten. Deshalb opferten sie während ihrer eigenen Feiern des Blutbundes Tiere als Ersatz.

Wenn zwei männliche Hebräer zusammen kamen, um einen Bund zu schließen, folgten sie einem genauen Ritual, das von beiden Stämmen mitverfolgt wurde. Die beiden Männer kleideten sich in ihre besten Gewänder und waren vollständig bewaffnet, sie trugen ihre edelste Rüstung und die besten Waffen.

Gewändertausch. Sie standen einander gegenüber, legten ihre besten Gewänder ab und tauschten sie aus. Diese Gewänder stellten die „Person" dar und ihre Stellung in der Gemeinschaft. (Dies ist das Gewand der „Rechtschaffenheit", es bedeutet, mit dem König gut zu stehen.) Mit diesem Austausch sagten sie symbolisch zueinander: „Dies ist mein ganzes Sein, mein ganzes Selbst. Ich gebe dir mein Leben selbst, das ich dir nun ganz verpfände."

Gürteltausch. Sie nahmen dann ihre Gürtel ab und gaben sie einander. Ihre Gürtel trugen ihre ganzen Waffen und hielten sie zusammen. Durch den Austausch der Gürtel gaben sie einander symbolisch all ihre Stärke und versprachen sich ihre Unterstützung und ihren Schutz; sie sagten zueinander: „Hier ist meine ganze Stärke, Geschicklichkeit und Fähigkeit im Kampf. Deine Kämpfe sind nun meine Kämpfe und meine Kämpfe sind nun die Deinen. Ich werde dich in allen Lagen verteidigen und dich mit ganzer Kraft und aller mir zur Verfügung stehenden Mittel schützen."

Den Bund besiegeln. Ein Tier wurde in der Mitte zerteilt und in zwei Hälften geschnitten, so dass das Blut floss. Die beiden stellten sich Rücken an Rücken in das Blut in die Mitte des geteilten Tieres. Dann schritten beide in die entgegengesetzte Richtung durch den blutigen Kadaver, indem sie zusammen die Form einer Acht aufzeichneten, und kamen wieder in der Mitte zusammen, einander zugewandt. Da jede Hälfte des toten Tieres sie selbst darstellte, drückten beide aus: „Ich sterbe nun mir selbst. Ich gebe jegliches Recht auf mein eigenes Leben ab und beginne ein neues Leben und einen neuen Weg mit meinem Bundespartner, und nur der Tod wird uns trennen." Der Blutbund ist der heiligste und verbindlichste aller Verträge, deshalb zeigten sie auf das Blut und das tote Tier, während sie es durchschritten: „Möge Gott mit mir genauso verfahren, und noch schlimmer, wenn ich diesen heiligsten aller Verträge je breche. Möge er mich zweiteilen und den Geiern zum Fraß vorwerfen, wenn ich diesen heiligen Bund mit dir breche."

Ein Leben werden. Danach hoben sie ihre rechten Arme, schnitten ihre Handflächen auf, legten sie aufeinander, wieder floss Blut und begann sich zu vermischen. (Hierfür wird der rechte Arm benutzt, denn er hält das Schwert. Das Angebot der rechten Hand steht für Frieden, es wird kein Leid zugefügt, denn das Schwert bleibt in der Scheide.) An diesem Punkt schwörten sie einander ihre Treue.

Weil sie glaubten, dass im Blut das Leben war, glaubten sie auch, dass ihr Leben nun „ein Leben" wurde. Sie legten ihr altes Selbst und ihre alte Natur ab und kleideten sich mit der neuen Natur und dem neuen Selbst des anderen Blutbund-Partners.

Der Namenstausch. Während sie in dem Kadaver standen und ihr Blut sich vermischte, tauschten sie die Namen aus. Jeder nahm den Nachnamen des anderen als Teil seines eigenen Namens an.

Das Zufügen einer Narbe. Im Anschluss daran fügten sie sich eine Narbe zu, indem sie die Schnittstellen aneinander rieben, bis sie eine große Wunde hinterließen. Dies wurde ein dauerhaftes Zeugnis, das nie entfernt werden konnte. Die Narbe wurde zum Siegel, zur Garantie und zur fortwährenden Erinnerung an ihren Bund. Wenn sie von nun an angegriffen wurden, mussten sie nur ihren rechten Arm erheben und dem Feind die Narbe offenbaren. Damit sagten sie ihm, dass er auch gegen ihren Bundespartner kämpfen müsste, wenn er ihnen Leid zufügen sollte, und er würde nicht wissen, wie stark dieser ist. Wenn der Feind etwas Verstand hatte, würde er sich vom Kampf zurückziehen. Die emporgehaltene Narbe als Zeichen und Siegel bezeugte den Bund.

Die Bundesbedingungen. Als nächsten Schritt der Feier wurden die Bedingungen des Bundes genannt. Vor der Gemeinschaft erklärte einer nach dem anderen: „All mein Hab und Gut ist nun dein Hab und Gut, all mein Geld, mein Eigentum und meine ganzen Besitztümer gehören nun dir. Von diesem Augenblick an musst du mich um nichts mehr bitten; du musst nur noch kommen und es dir holen. Es gehört rechtmäßig dir. Sollte ich sterben, werden meine Kinder zu deinen ‚Adoptivkindern‘ und du wirst für meine Familie verantwortlich sein. Darin eingeschlossen sind auch meine Schulden, für die du ebenfalls haftest." Dann tat der andere dasselbe. Bei der Verkündigung dieser Bedingungen erwähnten sie auch die Belohnungen für das Einhalten des Bundes sowie die Strafen, sollte er gebrochen werden.

Das Gedächtnismahl. Nach Beendigung all dessen schlossen sie den Bund mit einem Gedächtnismahl ab. An die Stelle des Tieres und des Blutes traten nun Brot und Wein. In Genesis 49, 11 wird der Wein „Traubenblut" genannt, und er stellte nun ihr eigenes Blut dar. Das Brot verkörperte ihr Fleisch. Sie nahmen das Brot, brachen es entzwei und gaben es einander zu essen mit den Worten: „Dieses Brot stellt meinen Leib dar und ich lege ihn in dich." Als nächstes gaben sie einander den Wein zu trinken mit den Worten: „Dies ist symbolisch für mein Lebensblut, das nun dein Blut ist." Mit dieser Handlung drückten sie sich gegenseitig aus, dass sie nun zusammen eins waren in ihrer neuen Natur.

Der blutbegossene Baum. Nach dem Mahl pflanzten sie einen Baum. Dieser Baum wurde ein „Gedächtnis des Bundes" und begossen mit dem Blut des Tieres mit Hilfe von Ysopzweigen. Da der Stamm des Ysop Wasser enthielt, wurde der Baum mit Blut und Wasser bespritzt (Ex 12,22-23).

Sie wurden Freunde. Die Blutbund-Feier war nun beendet. Von diesem Moment an kannte man sie als „Freunde". Ein Hebräer konnte nur nach einem Blutbund als „Freund" bezeichnet werden. Der Bund schloss auch ungeborene Kinder mit ein, denn sie waren „in" ihnen, als der Bund geschlossen wurde.

(3) Der Bund des Abraham

500 Jahre nachdem Gott die Welt durch eine Flut zerstört hatte, hatten sich die Menschen erneut von ihm abgewandt, um Götter anzubeten. Aus diesem heidnischen Umfeld berief Gott Abram. Da Abram mit Blutbündnissen vertraut war, nahte sich Gott ihm auf eine Weise, die er klar verstehen konnte. Gott bat ihn, Babylon und deren Götter zu verlassen und nach Kanaan zu ziehen. In Kanaan vollzog er mit Abram und Sarai, was Satan mit Adam und Eva getan hatte, außer dass Gott weder Lüge noch Betrug anwandte.

(4) Der durch Gott besiegelte Bund

Der „Blutbund", den Gott mit Abram schloss, war derselbe Bund, den Gott mit Adam und Eva eingegangen war, als er ein Tier tötete, um ihre Sünde zu bedecken (s. Gen 3,21). Dieser wurde neu bestätigt, als Noah ein Blutopfer darbrachte, das dem Herrn ein „beruhigender Duft" war (Gen 8,20-21).

In Genesis 15,1-18 näherte sich Gott Abram und bot ihm seinen Schild an. Da Gott keinen Leib hatte oder Bedarf an gegenständlichen Waffen, bot sich ihm Gott buchstäblich selbst durch das Bundesritual an, als er sprach: „Ich bin dein

Schild", und schloß sofort die Verheißung an. Abram schenkte den Worten des Herrn Glauben, was Gott ihm als „Rechtschaffenheit" (gut mit dem König stehen) anrechnete, und er gab ihm eine weitere Verheißung. Daraufhin schloss Gott den Bund, indem er Abram mehrere Tiere zerteilen ließ (Gen 15,10). Satan, symbolisiert durch die Raubvögel, versuchte, das Gott gefällige Opfer zu zerstören, bevor der Bund vollzogen war. (Siehe auch Jesus in der Wüste, das Gleichnis vom Sämann und Judas.) Abram bemühte sich, die Opfergabe zu verteidigen, und Gott ließ ihn in einen tiefen Schlaf versinken, damit er sich nicht mehr einmischen konnte. Von diesem Moment an geschah alles aus Gnade, d. h. aus einem unverdienten Wohlwollen. Während seines Traumes offenbarte ihm Gott die Strafen für den Bruch des Bundes.

Als die Nacht einbrach, sah Abram „einen rauchenden Ofen und eine lodernde Fackel; sie fuhren zwischen jenen Fleischstücken hindurch." Dies war der Gang in Form einer Acht. Da Abram sich in einem Traumzustand befand, nahm er nicht an dem Geschehen teil. Die feurige Gestalt war Christus, der personifizierte vorher-existierende Sohn Gottes, der Abrams Platz einnahm. Christus wurde sein „Stellvertreter" und Gott sprach die Verheißungen des Bundes aus, die auch die Geburt eines Sohnes für ihn und Sarai einschlossen.

In Kapitel siebzehn sehen wir den Beginn des Namensaustausches. Gott nahm das „h" aus YWH (Yahweh) und fügte es Abrams Namen hinzu mit den Worten, „Abraham wirst du heißen" (Gen 17,5). Dann nahm Gott Abrahams Namen an und wurde „der Gott Abrahams". Sie waren in den Bund einer engen Freundschaft getreten, und Abraham wurde „Freund Gottes" genannt.

Als nächsten Schritt forderte Gott, dass die Narbe des Bundes in das Fleisch der männlichen Vorhaut geschnitten wurde, eine verborgene Narbe, denn Gott ist ein verborgener Gott. Beim Herannahen eines Feindes konnte ein Hebräer nicht das Zeichen seines Bundes mit Gott hochhalten. Er musste im Glauben handeln, und da Gott ein Gott des Glaubens ist, trat er für ihn ein und kämpfte für ihn, wenn er den Glauben als Schild emporgehoben sah (Psalm 91). Als dieser Teil der Feier beendet war, änderte Gott auch Sarais Name in Sarah und versprach ihr einen Sohn. Später, in Genesis 21,1-8, erfüllte Gott seine Bundesverheißung an Abraham und Sarah und Isaak wurde geboren.

(5) Die Prüfung

Da Abraham sich in einem Traumzustand befand, als Gott den Bund schloss, nahm er nicht daran teil. Christus war sein Stellvertreter und übernahm seine Rolle. Ein Bund konnte nicht für gültig erklärt werden ohne das vollständige Geben und Sterben seiner selbst, folglich gab es nur einen Weg für Gott, um Abrahams Hingabe auf die Probe zu stellen. Konnte Abraham das Wertvollste in seinem Leben aufgeben? Konnte er das aufgeben, was ihm mehr als sein eigenes Leben bedeutete? Konnte er Isaak aufgeben?

Dies mag schrecklich und grausam klingen, aber denken Sie daran: Abraham war bekannt, dass die Heiden bereitwillig ihre Erstgeborenen an ihre Götter opferten. Durch die Bitte um Isaaks Tod wollte Gott wissen, ob Abraham Gott so sehr – bzw. mehr – liebte als die Heiden ihre Götter. Abraham war sich vollkommen über die Bedeutung eines Bundes bewusst. Er wusste, dass Gott in keinem Fall sein Versprechen brechen konnte, sonst würde er den Strafen unterliegen, die der Bund vorsah, und sich selbst zerstören, was unmöglich war.

Abraham wusste, dass er einen Bund mit Gott hatte und seine unwiderrufliche Zusage, dass Abraham durch Isaak der Vater vieler Nationen werden würde. Deshalb glaubte Abraham, dass Gott im Falle von Isaaks Tod ihn wieder zum Leben erwecken oder ein Ersatzopfer beschaffen würde und somit Gottes Bundesversprechen erfüllt würde. Also war Abrahams Glauben an Gott stark genug, um ihm seinen einzigen Sohn als wohlgefälliges Opfer darzubringen.

Während der Dreitagesreise zum Berg Moriah war Isaak für Abraham so gut wie tot. Als sie ankamen, lud Abraham das Holz für das Brandopfer auf Isaaks Schultern und dieser trug es den Berg hinauf. Isaak fragte, wo das Lamm für das Opfer sei. Abraham antwortete: „Gott wird sich das Opferlamm aussuchen, mein Sohn."

Bei ihrer Ankunft nahm Abraham das Holz von Isaaks Schultern und schichtete es auf den Altar auf. Dann fesselte er Isaak und legte ihn auf das Holz. Als er das Messer erhob, um Isaak zu schlachten, sprach Gott zu ihm: „Abraham, Abraham! ... Streck deine Hand nicht gegen den Knaben aus, und tu ihm nichts zuleide! Denn jetzt weiß ich, dass du Gott fürchtest; du hast mir deinen einzigen Sohn nicht vorenthalten." Als Abraham aufblickte, sah er einen Widder, der sich in den Büschen verfangen hatte. So hatte Gott ein Ersatzopfer beschafft, das an Isaaks Stelle geopfert werden sollte. Abraham nannte den Ort „Jahwe-Jire", was bedeutet, Gottes Fürsorge wird sich zeigen.

Weil Abraham seinen einzigen geliebten Sohn Gott nicht vorenthielt, bestätigte Gott seine Verheißungen, dass alle Nationen der Erde durch ihn Segen erhalten sollten. Der Bund war nun vollendet. Beide hatten ihren Teil erfüllt.

(6) Jesus heilte durch den Bund
Der Bund Abrahams war immer noch in Kraft, als Jesus geboren wurde. Während seiner Mission auf Erden berief sich Jesus auf diesen Bund, um die Toten zum Leben zu erwecken, die Gewalten der Natur zu unterwerfen und die Kranken zu heilen. Der Evangelist Lukas hält dieses Beispiel fest: „Am Sabbat lehrte Jesus in einer Synagoge. Dort saß eine Frau, die seit achtzehn Jahren krank war, weil sie von einem Dämon geplagt wurde; ihr Rücken war verkrümmt, und sie konnte nicht mehr aufrecht gehen. Als Jesus sie sah, rief er sie zu sich und sagte: Frau, du bist von deinem Leiden erlöst. Und er legte ihr die Hände auf. Im gleichen Augenblick richtete sie sich auf und pries Gott. Der Synagogenvorsteher aber war empört darüber, dass Jesus am Sabbat heilte, und sagte zu den Leuten: Sechs Tage sind zum Arbeiten da. Kommt also an diesen Tagen und lasst euch heilen, nicht am Sabbat! Der Herr erwiderte ihm: Ihr Heuchler! Bindet nicht jeder von euch am Sabbat seinen Ochsen oder Esel von der Krippe los und führt ihn zur Tränke? Diese Tochter Abrahams aber, die der Satan schon seit achtzehn Jahren gefesselt hielt, sollte am Sabbat nicht davon befreit werden dürfen?" (Lk 13, 10-16)

Beachten Sie, dass Jesus nicht für diese Frau betete. Er erklärte sie für geheilt! Dann legte er ihr die Hände auf. Jesus sprach die Verheißungen des Bundes Abrahams aus, den diese Frau mit Gott hatte, und der sich nun in Jesus erfüllte. Die Verheißungen waren wahr und zuverlässig, man brauchte also nicht darum zu beten. Es ging nur darum, die Bundesverheißung in Kraft treten zu lassen.

Es bestand keine Notwendigkeit für diese Frau, gefesselt zu sein. Sie hatte bereits ihre Heilung empfangen, als Abraham Hunderte von Jahren zuvor den Bund mit Gott schloss. Diese Frau wusste nichts von ihren Rechten und konnte sie deshalb auch nicht ausüben. In dem Moment, als Jesus ihre Rechte verkündete und sie glaubte, was er ihr sagte, trat die Bundesverheißung in Kraft, und sie wurde geheilt.

Ihre Heilung war Teil des Bundes zu der Zeit, als Abraham ihn einging. Aber erst, als sie vertraute und ihren ganzen Glauben in ihn legte, konnte er in ihrem Leben wirksam werden. Sie konnte nun gestützt auf die Verheißung handeln und empfangen, was ihr durch göttliches Recht zustand. Dasselbe gilt auch für Sie, und mehr noch, denn Jesus begründete einen neuen und besseren Bund, „der auf bessere Verheißungen gegründet ist" (Hebr 8,6). Unglücklicherweise sind heute viele Menschen aus demselben Grund gefesselt; sie wissen nichts von ihren Bundesrechten.

(7) Jesus ist unser Stellvertreter

„Er war Gott gleich, hielt aber nicht daran fest, wie Gott zu sein, sondern er entäußerte sich und wurde wie ein Sklave und den Menschen gleich. Sein Leben war das eines Menschen; er erniedrigte sich und war gehorsam bis zum Tod, bis zum Tod am Kreuz." (Phil 2,6-8)

Jesu Leben, Leiden und Tod war die vollkommen gelebte Verwirklichung dieses Blutbund-Rituals. Im Augenblick seines Todes am Kreuz sagte Jesus: „Es ist vollbracht!" Das bedeutet, dass der Bund nun vollendet war; das abschließende Opfer wurde dargebracht und der Neue Bund war nun begründet. Das Kreuz wurde zu unserem „blutbegossenen Baum". Seine durch die Geisel, die Dornenkrone, die Nägel und die Lanze verursachten Wunden wurden unsere „Bundesnarbe" und das Abendmahl unser „Gedächtnismahl".

Auf Golgotha wurde Jesus (das Lamm Gottes) „Stellvertreter unserer Sünden" und starb an unserer Stelle; nun stehen uns der ganze Segen Abrahams durch göttliches Recht zu. Paulus schreibt: „Christus hat uns vom Fluch des Gesetzes freigekauft, indem er für uns zum Fluch geworden ist; denn es steht in der Schrift: Verflucht ist jeder, der am Pfahl hängt. ... damit den Heiden durch ihn der Segen Abrahams zuteil wird und wir so aufgrund des Glaubens den verheißenen Geist empfangen." (Gal 3,13-14. Lesen Sie das gesamte Kapitel.)

(8) Ein erlöstes Volk

Die Tieropfer des Alten Bundes deckten die Sünde nur zu, aber das Opfer Jesu nimmt die Sünde hinweg. In Jesus erfüllt sich die Adam und Eva gegebene Verheißung. Jesus ist der verheißene Erlöser und der neue Adam, der die Sünde der Welt hinwegnimmt (s. Gen 3,15).

„Christus aber ist gekommen als Hoherpriester der künftigen Güter; und durch das erhabenere und vollkommenere Zelt, das nicht von Menschenhand gemacht, das heißt nicht von dieser Welt ist, ist er ein für allemal in das Heiligtum hineingegangen, nicht mit dem Blut von Böcken und jungen Stieren, sondern mit seinem eigenen Blut, und so hat er eine ewige Erlösung bewirkt. Denn wenn schon das Blut von Böcken und Stieren und die Asche einer Kuh die Unreinen, die damit besprengt werden, so heiligt, dass sie leiblich rein werden (Naamans Heilung), wie viel mehr wird das Blut Christi, der sich selbst kraft ewigen Geistes Gott als makelloses Opfer dargebracht hat, unser Gewissen von toten Werken reinigen, damit wir dem lebendigen Gott dienen. Und darum ist er der Mittler eines neuen Bundes; sein Tod hat die Erlösung von den im ersten Bund begangenen Übertretungen bewirkt, damit die Berufenen das verheißene ewige Erbe erhalten." (Hebr 9,11-15)

Jesu irdischer Dienst war die vollkommene Erfüllung des Alten Bundes. „Indem er von einem neuen Bund spricht, hat er den ersten für veraltet erklärt." (Hebr 8,13)

(9) Durch keinen anderen Christus

Wenn wir bedenken, was die Propheten des Alten Testamentes durch ihren Glauben an das Blut von Tieren taten und was Jesus im Namen des Alten Bundes vollbrachte, sollten wir ermutigt sein im Hinblick darauf, was unser Glaube an das Blut Jesu für uns heute zustande bringen kann. Genau dieser Neue Bund ist es, der die Gesamtsumme der Prophezeiungen Jesajas und der Verheißungen Abrahams (Dt 28,1-15) erfüllt und mit Blut besiegelt. Er kann nicht gebrochen und auch durch keinen anderen Bund ersetzt werden, denn es kann keinen anderen Christus geben, der ihn begründet.

Deuteronomium 7,12-15 spricht über den Segen, der uns zufällt, wenn wir dem Wort Gottes folgen. In Vers 15 steht: „Alle Krankheiten wird der Herr von dir ablenken. Keine der schweren ägyptischen Seuchen, die du kennst, wird er dir auferlegen, sondern über alle deine Feinde wird er sie bringen." Als Jesus verkündete: „Heute hat sich das Schriftwort, das ihr eben gehört habt, erfüllt" (Lk 4,21), bezog er sich auf die etwa 30.000 Verheißungen der Heiligen Schrift, die heute auch Ihnen zustehen, wenn Sie offen dafür sind und sie im Glauben und Vertrauen annehmen.

Wir sind ein erlöstes Volk, der Preis wurde bezahlt, es hat sich erfüllt! Im Hinblick auf die Heilige Kommunion ruft uns Paulus in 1 Kor 11,26 auf: „...sooft ihr von diesem Brot esst und aus dem Kelch trinkt, verkündet ihr den Tod des Herrn, bis er kommt." Damit sollen wir uns an das erinnern, was bereits im Leib Jesu für uns am Kreuz geschehen ist, und die Verheißungen des Neuen Bundes erben. Paulus fordert uns auf, über die Bedeutung des Todes Jesu nachzudenken, damit wir vollkommen geheilt werden an Leib, Seele und Geist.

(10) Heilung in der Messe

Während der römisch katholischen Messe hält der Priester nach der Wandlung die Hostie (das Brot) empor und sagt zur

Gemeinde: „Seht, das Lamm Gottes, das hinwegnimmt die Sünde der Welt!" Dies waren die Worte von Johannes dem Täufer, als sich ihm Jesus im Jordanfluss näherte. Er wusste, dass Jesus gesandt wurde, um das makellose Lamm zu werden (Joh 1,29). Die Gemeinde antwortet im Glauben: „Herr, ich bin nicht würdig, dich zu empfangen. Aber sprich nur ein Wort, so werde ich gesund." Diese Worte stammen vom römischen Hauptmann, dessen Glaube Jesus in Staunen versetzte. Es besteht also keine Notwenigkeit mehr für Sie, krank zu bleiben, denn Jesus hat das Wort bereits gesprochen! Gemäß der Heiligen Schrift hat Jesus Ihre Krankheiten hinweggenommen und Ihre Leiden getragen; er wurde für unsere Vergehen durchbohrt, für unsere Sünden zermalmt. Gott hat Ihre Schuld auf sich genommen. Die Züchtigung zu Ihrer Genesung wurde ihm auferlegt. Durch seine Wunden sind Sie geheilt.

Jesus wird Ihnen auf dieselbe Weise antworten wie dem Hauptmann. Und erst recht, da Sie, anders als der Hauptmann, einen Bund mit Gott haben durch das Blut Jesu. Sein Wort garantiert es. Wir sind nun Abrahams Kinder im Glauben und wir sind berechtigt, in der Fülle der Gesundheit zu leben, die Gott uns wünscht, besonders wenn wir an diesem Bundesmahl teilnehmen.

Das Brot, das wir empfangen, ist das Brot des Lebens (zoe) (Joh 6,6). Durch den Glauben an die unwiderruflichen Verheißungen Jesu sind die Armen nicht länger arm, haben die Gefangenen bereits ihre Freiheit erhalten, können Blinde sehen und werden Angeklagte auf genau dieselbe Art und Weise befreit, wie es die Frau in der Synagoge erfahren hat: „Wenn euch also der Sohn befreit, dann seid ihr wirklich frei" (Joh 8,36). Paulus sagt (in Bezug auf den Bundesaustausch): „Da nun die Kinder Menschen von Fleisch und Blut sind, hat auch er in gleicher Weise Fleisch und Blut angenommen, um durch seinen Tod den zu entmachten, der die Gewalt über den Tod hat, nämlich der Teufel, und um die zu befreien, die durch die Furcht vor dem Tod ihr Leben lang in Knechtschaft verfallen waren. Denn er nimmt sich keineswegs der Engel an, sondern der Nachkommen Abrahams nimmt er sich an." (Hebr 2,14-16)

(11) Durch sein Blut adoptiert

Manche sagen, dass viele Wege in den Himmel führen, aber Jesu Worten zufolge gibt es nur einen schmalen Pfad. Dieser ist in der Tat der einzige Weg in den Himmel, es gibt keinen anderen. „Ich bin der Weg und die Wahrheit und das Leben; niemand kommt zum Vater außer durch mich." (Joh 14,6)

Als seine Jünger ihn fragten, wie sie beten sollen, sagte Jesus, sie sollten Gott ihren Vater nennen. Dies ist der kraftvollste Begriff, den es gibt, um die Art von Beziehung zu beschreiben, die Gott sich für Sie und mich wünscht. Er bedeutet, dass wir mit Gott in einer Tochter- und Sohn-Beziehung stehen, adoptiert durch das Blut Jesu.

Sie könnten nun meinen, dass man durch die Adoption zwar einer Familie angehört, dadurch aber noch keine Blutsverwandtschaft zustande kommt. Jesus verstand es nicht auf diese Weise. Der jüdische Begriff von Adoption unterscheidet sich vollkommen von unserer Auffassung davon.

In der jüdischen Religion wird ein Junge im Haus seines Vaters als Sklave betrachtet bis zu seinem Bar-Mitzvah. Er darf bis dahin seinen Vater nicht in die Synagoge begleiten und erlernt seine Religion durch seine Mutter. Im Alter von dreizehn wird er in seine Familie adoptiert und von diesem Moment an nicht mehr als Sklave angesehen, der die Geschäfte seines Herrn nicht kennt, sondern als Sohn, der alles erbt, was seinem Vater gehört. Von diesem Zeitpunkt an wird er von seinem Vater unterrichtet und beginnt, die Angelegenheiten der Männer zu erlernen.

(12) Sie sind keine Sklaven mehr

Das meinte Jesus, als er sagte: „Ich nenne euch nicht mehr Knechte; denn der Knecht weiß nicht, was sein Herr tut. Vielmehr habe ich euch Freunde genannt; denn ich habe euch alles mitgeteilt, was ich von meinem Vater gehört habe. Nicht ihr habt mich erwählt, sondern ich habe euch erwählt ..." (Joh 15,15-16a). Paulus betont diesen Punkt, wenn er sagt: „Gepriesen sei der Gott und Vater unseres Herrn Jesus Christus: Er hat uns mit allem Segen seines Geistes gesegnet durch unsere Gemeinschaft mit Christus im Himmel. Denn in ihm hat er uns erwählt vor der Erschaffung der Welt, ... er hat uns aus Liebe im voraus dazu bestimmt, seine Söhne zu werden durch Jesus Christus ... durch sein Blut haben wir die Erlösung" (Eph 1,3-5.7; siehe auch ff).

Durch das Opfer Jesu auf Golgotha sind Sie blutsverwandt und haben ein Anrecht auf alle Vorteile, die das mit sich bringt; alle Bundesverheißungen gelten nun auch für Sie, denn sie sind Ihr Familienerbe. Ihr Himmlischer Vater weiß, dass Sie alle diese Dinge brauchen, deshalb bittet er Sie, sich um Ihre Kleider, Ihr Essen und Ihren Leib keine ängstlichen Sorgen zu machen. Genauso wenig sollen Sie um Ihr Leben fürchten. Er fordert Sie auf, sein Reich und seine Gerechtigkeit zu suchen, denn indem Sie das tun, wird Ihnen alles andere hinzugegeben von Ihrem Vater, der Sie liebt (Mt 6,25-34).

Ängstliche Sorge ist ein kräftezehrender Zustand, der Sie körperlich, seelisch und geistig völlig zerstören kann, wenn Sie ihn genug Boden gewinnen lassen. Er kann weder die Vergangenheit noch die Zukunft ändern. Jesus bittet Sie, Ihrem Himmlischen Vater zu vertrauen, der sich jeden Tag um alle Ihre Bedürfnisse annehmen wird in Jesus Christus, mit dem Sie einen Bund haben.

Vertrauen Sie den Worten Jesu, dem guten Hirten. Damit werden Sie den verwüstenden Wolf mit Namen „ängstliche Sorge" besiegen und ihn von Ihrer Tür verbannen, da er nur kommt um zu stehlen, zu töten und zu vernichten. Werden Sie kein Sklave ängstlicher Sorge.

Zum hebräischen Ritual des Blutbundes siehe: The Miracle of the Scarlet Thread, Richard Booker, Destiny Image Publishers, PO BOX 351 Shippensburg, PA 17257, 1981.

6. Durch Glauben Heilung empfangen

Durch Jesus hat Gott alle Sünde und Krankheit aus unserer Mitte entfernt und sie ans Kreuz genagelt. Die Autoren des Neuen Testamentes bezogen sich hinsichtlich körperlicher Krankheit, Leiden und Gebrechlichkeit durchgehend auf die Erfüllung der Prophezeiung Jesajas.

In Matthäus 8,16-17 heißt es: „Am Abend brachte man viele Besessene zu ihm. Er trieb mit seinem Wort die Geister aus und heilte alle Kranken. Dadurch sollte sich erfüllen, was durch den Propheten Jesaja gesagt worden ist: Er hat unsere Leiden auf sich genommen und unsere Krankheiten getragen." Petrus schreibt in 1 Petr 2,24: „Er hat unsere Sünden mit seinem Leib auf das Holz des Kreuzes getragen, damit wir tot seien für die Sünden und für die Gerechtigkeit leben. Durch seine Wunden seid ihr geheilt." Paulus schreibt: „Alle aber, die nach dem Gesetz leben, stehen unter dem Fluch (Gal 3,10ff, vgl. Dtn 28,15-47). Denn in der Schrift heißt es: Verflucht ist jeder, der sich nicht an alles hält, was zu tun das Buch des Gesetzes vorschreibt. Dass durch das Gesetz niemand vor Gott gerecht wird, ist offenkundig; denn: Der aus Glauben Gerechte wird leben. Das Gesetz aber hat nichts mit dem Glauben zu tun, sondern es gilt: Wer die Gebote erfüllt, wird durch sie leben. Christus hat uns vom Fluch des Gesetzes freigekauft, indem er für uns zum Fluch geworden ist; denn es steht in der Schrift: Verflucht ist jeder, der am Pfahl hängt. Jesus Christus hat uns freigekauft, damit den Heiden durch ihn der Segen Abrahams (siehe Dtn 28,1-15) zuteil wird und wir so aufgrund des Glaubens den verheißenen Geist empfangen."

Das göttliche Bankkonto
Sie fragen nun vielleicht: Wenn all das erfüllt ist, wie kann ich dann meine Heilung empfangen? Nehmen Sie einfach den

ganzen Glauben, den Sie in diesem Moment haben, und legen Sie ihn bei Jesus an. Worin Sie Ihren Glauben anlegen, wird den Ertrag bestimmen. In gleicher Weise, wie eine Geldanlage auf der Bank Zinsen (engl. interest) einbringt, wird auch Ihre Anlage bei Gott sein Interesse (engl. interest) an Ihnen steigern, es wird mehr und mehr anwachsen.

Wie wir gesehen haben, liebt Jesus den Glauben; er findet Gefallen daran. Jegliche Menge davon ist ihm wertvoll. Er hat immer 100-prozentiges Interesse an Ihrem Glauben. Er wird die kleinste Anlage akzeptieren, die Sie leisten können. Wenn Sie keinen 100-prozentigen Zweifel hegen, dann haben Sie auf jeden Fall ein bisschen Glauben! Setzen Sie die Menge ein, die Sie in diesem Augenblick haben.

Es braucht nur einen kleinen Schlüssel, um eine große Pforte zu öffnen. Ihr Glaube ist der „Schlüssel", der Ihnen die für Sie im Himmel aufbewahrten Schätze aufschließt. „Gepriesen sei der Gott und Vater unseres Herrn Jesus Christus: Er hat uns mit allem Segen seines Geistes gesegnet durch unsere Gemeinschaft mit Christus im Himmel" (Eph 1,3). Er gehört Ihnen bereits.

Die Bank sendet Ihnen eine Mitteilung zu mit der Auflistung der auf Ihrem Konto angelaufenen Zinsen. In gleicher Weise gab Gott Ihnen seine Mitteilung, sein Wort. Es ist zuverlässiger als Ihr Kontoauszug es je sein könnte, weil Ihre zinsträchtige Glaubens-Anlage in Gottes „Bankkonto" angelegt und durch seinen Eigenwechsel, die Bibel, gesichert ist, unterschrieben mit dem Blut Jesu. Sie könnten es einen „gekreuzten" Scheck (engl. „crossed cheque" für Verrechnungsscheck) nennen, der auf Sie persönlich ausgestellt ist.

Vier Schlüssel zu göttlichen Transaktionen

Wie kann ich etwas abheben von meinem göttlichen Bankkonto? Diese Erläuterung von Heilung im Matthäusevangelium gibt uns vier „Schlüssel" zum Empfang göttlicher Heilung.

„Da kam eine kanaanäische Frau aus jener Gegend zu ihm und rief: Hab Erbarmen mit mir, Herr, du Sohn Davids! Meine

Tochter wird von einem Dämon gequält. Jesus aber gab ihr keine Antwort. Da traten seine Jünger zu ihm und baten: Befrei sie (von ihrer Sorge), denn sie schreit hinter uns her. Er antwortete: Ich bin nur zu den verlorenen Schafen des Hauses Israels gesandt. Doch die Frau kam, fiel vor ihm nieder und sagte: Herr, hilf mir! Er erwiderte: Es ist nicht recht, das Brot den Kindern wegzunehmen und den Hunden vorzuwerfen. Da entgegnete sie: Ja, du hast recht, Herr! Aber selbst die Hunde bekommen von den Brotresten, die vom Tisch ihrer Herren fallen. Darauf antwortete ihr Jesus: Frau, dein Glaube ist groß. Was du willst, soll geschehen. Und von dieser Stunde an war ihre Tochter geheilt." (Mt 15,22-28)

In dieser scheinbar aussichtslosen Situation, in der Jesus die Frau eindeutig ignoriert (und die Apostel sie loswerden möchten), finden wir vier „Schlüssel", die Jesus dazu bewegten, ihr zu geben, worum sie bat, und den Weg für die Heilung ihrer Tochter zu öffnen.

Der erste „Schlüssel" ist für die Menschen am schwersten verständlich. Dieser „Schlüssel" war ihr Glaube (und ist auch Ihr Glaube). Der Glaube dieser Frau war es, der Jesus erstaunte, genau wie der Glaube des römischen Hauptmanns. Der andere „Schlüssel" ist die Hartnäckigkeit. Glaube ist nutzlos, wenn wir nicht darin ausharren, denn Glaube ohne Werke ist toter Glaube. Wir müssen genau wissen, worum wir bitten, und wir müssen glauben, dass wir genau das erhalten werden. Dies sind die vier Schlüssel, damit Sie das erhalten, worum Sie bitten: **Glaube, Vertrauen, Konkretheit und Beharrlichkeit.**

Sie müssen glauben, was Jesus über Heilung gesagt hat, und auf sein Wort hin handeln; dies ist Weisheit und wahrer Glaube: „Wer diese meine Worte hört und danach handelt, ist wie ein kluger Mann, der sein Haus auf Fels baute. Als nun ein Wolkenbruch kam und die Wassermassen heranfluteten, als die Stürme tobten und an dem Haus rüttelten, da stürzte es nicht ein; denn es war auf Fels gebaut." (Mt 7,24-25)

Der feste Fels, auf den wir unser Leben bauen, ist das Wort Gottes, das nicht weniger ist als Jesus selbst, das menschgewordene Wort. Er sagt uns, dass Himmel und Erde vergehen, seine Worte aber Bestand haben werden. Gott und sein Wort sind ein und dasselbe und absolut verlässlich. „Im Anfang war das Wort, und das Wort war bei Gott, und das Wort war Gott." (Joh 1,1) Wenn Sie diese mathematische Gleichung vor Augen behalten, werden Sie in Ihrem Leben als Christ wachsen: **Glaube + Werke = Erträge!**

7. Im Glauben wachsen

„Keep on keeping on" (eine mögliche Übersetzung: Mach weiter mit dem Weitermachen) lautet die Werbung für eine Haushaltsfarbe, und das gilt auch für uns. Wir müssen unbeirrt auf dem beharren, worum wir gebeten haben. Jesus sagt uns, dass jeder, der bittet, empfängt; wer sucht, der findet; wer anklopft, dem wird geöffnet werden. Er lehrt uns, dass wir genau definieren müssen, worum wir bitten: wenn Sie einen Fisch möchten, bitten Sie um einen Fisch; wenn Sie Brot möchten, bitten Sie um Brot, nicht nur um „irgendetwas" zu essen, sonst erhalten Sie vielleicht etwas völlig Unerwartetes (Mt 7,7-11).

Wir gehen doch nicht zur Bank und heben einen unbestimmten Betrag ab. Was wir auf den Scheck oder den Auszahlungsschein schreiben, ist genau das, was wir erhalten. Dasselbe gilt für unsere Gebetsanliegen mit Gott (Lk 11,9-13). Im Falle der kanaanäischen Frau wie auch des Hauptmanns gab es keinerlei Hinweis darauf, dass Jesus ihre Bitten erhören würde. Sie waren sich beide bewusst, dass sie nicht dem Hause Israels angehörten und Gott gegenüber keine Bundesrechte hatten, und sie waren sicher keine Freunde der Juden. Jedoch glaubten sie daran, dass Jesus das von ihnen Erbetene vollbringen konnte, und sie beharrten genau darauf im Glauben, bis sie es erhielten. Dies war es, was Jesus beeindruckte und zum Handeln bewegte.

Weder der Hauptmann noch die kanaanäische Frau konnte die Gebetserhörung sehen, als Jesus sie aussprach. An beiden Stellen heißt es „von dieser Stunde an". Daraus kann man folgern, dass die Heilung nicht sekundengleich einsetzte. Ebenso waren die Kranken nicht gegenwärtig, als Jesus sprach. Bedeutet das, dass die beiden nicht erhielten, was Jesus sagte, nur weil sie es nicht sehen konnten? Offensichtlich nicht. Worauf gründete dann ihre Überzeugung, als sie weggingen? Einzig und allein auf der Tatsache, dass sie ihren Glauben in Jesu Worte setzten und danach handelten.

Paulus verstand diesen „Schlüssel" so gut, dass er ihn ganze vierundzwanzig Mal im elften Kapitel seines Hebräerbriefes aufführt. Er begann dieses Kapitel mit den Worten: „Glaube aber ist: Feststehen in dem, was man erhofft, Überzeugtsein von Dingen, die man nicht sieht."

Jesus und seine Gleichnisse

Jesus hielt den Glauben für so wichtig, dass er viele Gleichnisse darüber lehrte. Hier ein Beispiel: „Wenn einer von euch einen Freund hat und um Mitternacht zu ihm geht und sagt: Freund, leih mir drei Brote; denn einer meiner Freunde, der auf Reisen ist, ist zu mir gekommen, und ich habe ihm nichts anzubieten!, wird dann etwa der Mann drinnen antworten: Lass mich in Ruhe, die Tür ist schon verschlossen und meine Kinder schlafen bei mir; ich kann nicht aufstehen und dir etwas geben? Ich sage euch: Wenn er schon nicht deswegen aufsteht und ihm seine Bitte erfüllt, weil er sein Freund ist, so wird er doch wegen seiner Zudringlichkeit aufstehen und ihm geben, was er braucht" (Lk 11,5-8).

Dieses Gleichnis fasst auch die vier Schlüssel zusammen, um das zu erhalten, worum wir im Gebet baten, d. h. Glaube, Vertrauen, Konkretheit und Beharrlichkeit. Der Mann konnte das Brot nicht sehen, hatte aber keinen Zweifel daran, dass es dort welches gab. Sein Glaube rechtfertigte ihn, denn Glaube ist die Realisierung des Erhofften und der Beweis für das Unsichtbare.

Dasselbe galt für den Hauptmann und die kanaanäische Frau. Sie hatten von Jesus und seinen Taten gehört. Sie vertrauten dem, was sie gehört hatten und handelten im Glauben daran. Sie definierten genau, was sie wollten, und beharrten darauf, bis sie es erhielten. Ihr Glaube rechtfertigte sie in gleicher Weise, wie Ihr Glaube Sie rechtfertigen wird.

Das Gleichnis von der hartnäckigen Witwe in Lukas 18,1-8 unterstreicht diesen Punkt noch einmal: „Sollte Gott seinen Auserwählten, die Tag und Nacht zu ihm schreien, nicht zu ihrem Recht verhelfen, sondern zögern? Ich sage euch: Er wird ihnen unverzüglich ihr Recht verschaffen. Wird jedoch der Menschensohn, wenn er kommt, auf der Erde (noch) Glauben vorfinden?"

Gerechtigkeit durch Glauben

Der Glaube dieser Menschen machte sie in gleicher Weise gerecht, wie Ihr Glaube Sie gerecht machen wird. „Wer mit dem Herzen glaubt und mit dem Mund bekennt, wird Gerechtigkeit und Heil erlangen" (Röm 10,10). Paulus sagt auch: „So gründet der Glaube in der Botschaft, die Botschaft im Wort Christi" (Röm 10,17).

Dies ist eine äußerst wichtige Tatsache, denn alles scheint hier mit dem Glauben zu stehen und zu fallen. Welchen Worten wir auch immer Gehör schenken, wir werden uns letztendlich danach richten und unser Leben darauf aufbauen. Wenn wir auf Zweifler hören, werden wir zweifeln, wenn wir auf Tauben hören, werden wir gurren. Wenn wir auf die Welt und ihre Werte hören, werden wir uns daran anpassen. Sogar unsere eigenen schlechten Launen und negativen Zusprüche werden sich letztendlich erfüllen. Denken Sie daran, Ihre Ohren sind nie geschlossen, und so hören Sie auch Ihren eigenen Worten zu. Wenn Sie also Negatives reden, werden Sie Ihren Glauben auf das Gehörte aufbauen und es verwirklichen. In einer Redewendung heißt es: „Sowohl wer sagt, er kann, als auch wer sagt, er kann nicht, ist im Recht." Paulus versteht diese Tatsache ebenfalls so gut, dass er sie in seinen Briefen sehr deutlich macht. Wir müssen auf die Lehren Jesu und der Apostel hören, wenn wir beschließen, im Glauben zu wachsen und von Gott zu erhalten, was wir brauchen.

Für einen Glauben mit positiven Erträgen müssen wir dem Wort Gottes Gehör schenken und darauf aufbauen, uns daran anpassen. Wir müssen erneuert werden durch die Erneuerung unserer Gedanken und uns die Denkweise Christi aneignen. Dies geschieht im regelmäßigen Lesen und Studieren der Bibel sowie im Hören guter, solider Lehre. Wir können es uns nicht leisten, das Wichtigste zu verpassen. Ihr Leben hängt davon ab, denn das Wort Christi besagt: „Heute hat sich das Schriftwort, das ihr eben gehört habt, erfüllt (Lk 4,21)."

Nicht sehen ist glauben

Während einer anderen Mission in England im Jahre 1993 sprach ich in verschiedenen Kirchen und Gebetskreisen in der Gegend von Birmingham. Einen Monat nach einem Heilungsgottesdienst erhielt ich einen Brief von einer Frau, mit der ich für ihre Sehkraft gebetet hatte. Was sie mir berichtete, veranschaulicht das, womit wir uns bisher auseinandergesetzt haben.

„Lieber Eddie, seit einigen Jahren hatte ich Probleme mit meinen Augen. Meine Sehkraft ließ langsam nach. Die Krankenhausärzte sagten mir, sie könnten nichts für mich tun, da Laserbehandlung mehr schädlich als nützlich sein würde.

Vor etwa einem Monat kamen Sie zur katholischen Kirche in Erdington. Meine Freundin überredete mich, zu Ihnen zu kommen. Sie legten Ihre Hände auf meine Augen und beteten darum, dass ich meine Sehkraft zurückerhielt. Zu Beginn bemerkte ich keinen Unterschied, aber als ich aus der Kirche kam, sah ich genau, wo ich hintrat, obwohl es sehr dunkel war, und auf dem Nachhauseweg konnte ich vom Auto aus alle Straßenschilder erkennen, die ich schon seit sehr langer Zeit nicht mehr hatte sehen können. Seither scheine ich jeden Tag noch deutlicher zu sehen, und ich zweifle nicht daran, dass der Herr meine Sehkraft wieder vollkommen herstellen wird dank Ihnen und meiner Freundin. Freundliche Grüße. Frau B. J. Noons, New Oscot, Birmingham, England."

Die Lehre

Dieses Zeugnis lehrt uns, dass Frau Noons hätte aufgeben können wie Naaman und aufbegehren, weil sie im ersten Augenblick keine Veränderung wahrnahm. Sie erhielt ihre Sehkraft ebenfalls einige Zeit später im Dunkeln wieder. In dieser Situation wäre es sehr leicht gewesen aufzugeben, aber sie tat es nicht.

Da Frau Noons einen Bund mit Gott durch Jesus Christus hat, erhielt sie in Wahrheit ihre Sehkraft zurück, als Jesus es in Nazareth als erfüllt erklärte und dafür am Kreuz starb. Was auf übernatürliche Art bereits ihr gehörte, manifestierte sich im Natürlichen, als sie dem Gehörten vertraute und ihren Glauben auf die Bundesverheißung setzte. Jesus nahm sich ihrer Not in diesem Augenblick an und begann, ihre Sehkraft wieder herzustellen. Sie merken, dass Frau Noons ihre Sehkraft nicht sofort zurückerhielt; sie verbesserte sich etwas später im Dunkeln. Nur weil die Heilung nicht sofort offensichtlich war, bedeutet das nicht, dass sie ihr nicht geschenkt wurde. Es dauerte nur etwas länger, bis sie sich zeigte.

Ein Mann seines Wortes

Jesus praktizierte auch, was er predigte. In Markus 8,22-25 finden wir dieses Beispiel: „Sie kamen nach Betsaida. Da brachte man einen Blinden zu Jesus und bat ihn, er möge ihn berühren. Er nahm den Blinden bei der Hand, führte ihn vor das Dorf hinaus, bestrich seine Augen mit Speichel, legte ihm die Hände auf und fragte ihn: Siehst du etwas? Der Mann blickte auf und sagte: Ich sehe Menschen; denn ich sehe etwas, das wie Bäume aussieht und umhergeht. Da legte er ihm nochmals die Hände auf die Augen; nun sah der Mann deutlich. Er war geheilt und konnte alles genau sehen." Jesus beharrte auch im Glauben.

Wenn eine blinde Person während einer totalen Verdunkelung ihr Augenlicht zurückerhielte, worauf hätte eine solche Person ihr Vertrauen gründen können, sehen zu können? Glaube! Dies würde ihr dankbares Verharren im Dunkeln rechtfertigen, bis sie das Licht erblickt. Dann würde ihre Hartnäckigkeit im Glauben gerechtfertigt und belohnt, denn „Glaube aber ist: Feststehen in dem, was man erhofft, Überzeugtsein von Dingen, die man nicht sieht."

Wenn Beharrlichkeit für Jesus gut genug ist, dann sollte sie es auch für uns sein. Jesus zeigt uns in einem wunderbaren Beispiel, wie wir erhalten können, worum wir bitten. Es sollte uns Hoffnung und Mut machen fortzufahren, egal, was uns die Umstände oder Symptome weismachen möchten.

Jesus konnte auf einem Boot während eines heftigen Sturms einschlafen, denn er hatte befohlen, „ans andere Ufer zu fahren (Mt 8,18)." Er vertraute darauf, dass dem so sein würde, und ließ sich durch die Umstände nicht aus der Ruhe bringen. Hätten Petrus und die anderen den Worten Jesu geglaubt, wären sie durch die äußeren Bedingungen nicht in Furcht geraten und hätte die Angst ihnen nicht den Glauben geraubt. Sie wären erfüllt gewesen von einer zuversichtlichen Erwartung, dass die Worte Jesu verlässlicher und mächtiger sind als die Stimme der Elemente. Jesus ist jedoch der Herr der Lage: „Warum habt ihr solche Angst, ihr Kleingläubigen? Dann stand er auf, drohte den Winden und dem See und es trat völlige Stille ein" (Mt 8,23-26). Jesu Worte sind voller Hoffnung.

8. Christliche Hoffnung

Der weltliche Begriff von Hoffnung ist meist ein Ausdruck von Zweifel, etwas Nichtiges. Die christliche Tugend der Hoffnung hingegen bedeutet „die zuversichtliche Erwartung all dessen, was gut ist." Wenn Sie nun die Liebe hinzufügen, die dies antreibt, werden Sie die drei Dinge haben, die auf immer bleiben: Glaube, Hoffnung und Liebe (1 Kor 13,13). Jesus sagte in Matthäus 24,35: „Himmel und Erde werden vergehen, aber meine Worte werden nicht vergehen." Jesu Worte sind absolut zuverlässig. Gott ändert sich nicht. „Jesus Christus ist derselbe gestern, heute und in Ewigkeit" (Hebr 13,8). Was Jesus damals tat, kann er auch jetzt in diesem Moment für Sie tun. Wenn Gott jemals sein Wort brechen sollte, würde er sich selbst unter den Fluch des Gesetzes bringen und müsste sich gemäß der Bundesbedingungen selbst zerstören. Dies ist nicht möglich, weil er ein Gott ist, der zu seinem Bund steht, und deshalb muss sein Wort sich erfüllen. Dies ist eine große Quelle der Hoffnung für uns, denn diese Hoffnung wird uns nicht enttäuschen.

Sie denken vielleicht, das ist ja für die anderen eine tolle Sache, aber nicht für Sie? Das ist verständlich. Viele Leute denken genau so, nicht aber Gott. Paulus sagt in Römer 10,11: „Wer an ihn glaubt, wird nicht zugrunde gehen." Mein lieber Freund, Jesus wird Sie auf keinen Fall fallen lassen, wenn Sie sich ihm nähern. Es wird an keiner einzigen Stelle berichtet, dass Jesus jemanden zurückwies, der ihn im Glauben um etwas bat und darauf vertraute, dass er es erhalten würde.

Keines Ihrer Probleme in diesem Moment ist zu groß für Jesus. Und auch keines ist so klein, dass Jesus sich nicht dafür interessieren würde. Lassen Sie mich dies ein bisschen deutlicher veranschaulichen. Wenn Sie einen Gepäckträger bitten, ihre schweren Koffer zu tragen, werden Sie nicht weitergehen und so tun, als würden Sie sie immer noch selbst tragen.

Dabei würden Sie sehr albern aussehen. Weil der Gepäck-
träger nun das Gewicht trägt, sind Sie wieder frei und können
aufrecht gehen. Genau so ist es mit Jesus, denn er hat Ihre
Sünde, Krankheit, Armut und Gebrechlichkeit an seinem
Leib am Kreuz getragen, es besteht also kein Grund, warum
Sie sie alle beide tragen sollten.

Eine Kampfstrategie für göttliche Heilung
Paulus schreibt in Epheser 6,10-17, dass unser Kampf nicht
gegen Menschen aus Fleisch und Blut gerichtet ist, sondern
gegen die Fürsten und Gewalten, gegen die Beherrscher dieser gegenwärtigen Finsternis, gegen böse Geister des himmlischen Bereichs, die Ihnen Gottes Segen und Gaben rauben
möchten. Er fordert uns dazu auf, die Rüstung Gottes anzule-
gen, damit wir dem Teufel und seinen Lügen widerstehen können, die uns das Wort Gottes rauben und uns in Fesseln und
Hoffnungslosigkeit gefangen halten.

Wir sollen die Gerechtigkeit als Panzer anziehen, um unser
Herz zu schützen; uns mit dem Evangelium kleiden, das uns
rettet; den Glauben als Schild hochhalten; den Helm des
Heiles tragen und das Schwert des Geistes, das das Wort
Gottes ist. Dies ist eine unglaubliche Kampfstrategie, und
wenn wir sie anwenden, sind wir des Sieges sicher.

Der Helm schützt das Haupt. Paulus sagt, dass das
Schlachtfeld der menschliche Geist ist, und hier brauchen wir
einen besonderen Schutz. Es bedeutet, dass unsere Gedanken
voller Hoffnung sein müssen, einer zuversichtlichen
Erwartung all dessen, was gut ist. Wir müssen vollkommen
von der Wahrheit der uns zustehenden Gesundheit überzeugt
sein, und den Zweifeln, Ängsten und Lügen keinen Glauben
schenken, die Satan uns nahelegt.

Das Schwert des Geistes ist das Wort Gottes, wenn Sie es
aussprechen. Der griechische Originaltext gebraucht das Wort
„rhema", das bedeutet: „ein Wort, das ausgesprochen wird".
Wir treten also dem Zweifel mit Glauben entgegen und sprechen die Worte Gottes in die Situation hinein. Sie sind die
Worte Jesu, durch die wir geheilt sind. Wir müssen das Wort
Gottes und unsere Bundesrechte kennen, um danach handeln

zu können. Vernachlässigen Sie das Lesen der Bibel nicht. Es ist der letzte Wille und das Testament Jesu Christi von Nazareth und muss wie jeder letzte Wille nach gesetzlicher Vorschrift erfüllt werden.

Ein Rhema-Wort überwindet den Tod

Als Adam sündigte, kam der Tod in die Welt. Als Jesus starb und wieder auferstand, war der Tod für immer zerstört. Wenn Paulus uns ermahnt, den Leib des Herrn in der heiligen Kommunion zu erkennen, fordert er uns auf zu erkennen, was Jesu Tod für uns bedeutet. In 1 Korinther 11,30 sagt er: „... unter euch (sind) nicht wenige ... schon entschlafen." Ununterbrochen sterben Menschen; dies ist in der Tat das Eine, was alle gemein haben, Heilige und Sünder. Was meint er also damit? Einfach, dass viele vor ihrer vorherbestimmten Zeit starben und dies hätte nicht geschehen sollen. Offensichtlich war das eine Abnormalität, sonst hätte er es nicht ansprechen müssen.

Am Donnerstag, den 15. Oktober 1992 um 10.40 Uhr abends im Gemeindezentrum der St. Mary's Kathedrale in Perth, Westaustralien, bezeugten etwa 20 Personen ein Ereignis, das ein Wunder genannt werden kann.

An dem Abend fand ein sehr kraftvolles Lobpreistreffen statt und die Salbung war sehr stark. Am Höhepunkt des Lobpreises und der Anbetung verkündete ich, dass wir in das Reich des Wunderbaren eingetreten waren (was geschehen war), und ermutigte die Menschen, sich auf eine tiefere Intimität mit Gott einzulassen. Bis zur Beendigung des Treffens war nichts Spektakuläres vorgefallen und die Menschen verließen den Saal, um sich für Erfrischungsgetränke in der Küche zu treffen. Ich befand mich noch im Saal im Gespräch mit einer Frau, als einer der Männer zu mir kam und berichtete, dass eine Ordensschwester in der Küche zusammengebrochen und an einem massiven Herzschlag gestorben war. Instinktiv sagte ich ihm, er solle sich keine Sorgen machen, es würde ihr gut gehen.

Als ich schließlich den Saal verließ, näherte ich mich ruhig der Küche und sah die Menschen mit besorgtem und verwirrtem Blick dastehen. Auch ihnen sagte ich, sie sollten sich keine Sorgen machen. Die Schwester lag vollkommen bewegungslos auf dem Fußboden. Ihre Haut hatte eine schmutzig graue Farbe angenommen und ihr Gesicht war eingefallen. Ihre gewöhnlich rotbäckige Gesichtsfarbe und die Züge waren nicht wiederzuerkennen. Ihre Augen waren geöffnet und starrten, ohne zu blinzeln, an die Decke. In ihnen war kein Lebenszeichen. Sie waren leer, flach, farblos und vollkommen ausgetrocknet, es schien mir eindeutig, dass sie tatsächlich gestorben war.

Ich kniete mich neben sie, um nach Lebenszeichen zu suchen; dabei erzählte mir eine der Frauen, eine frühere Krankenschwester, dass sie dies bereits getan und keine gefunden hatte. Ich nahm die Hände der Schwester. Sie hatten keinen Pulsschlag mehr und waren eiskalt, feucht, und fühlten sich nicht wie normale Hände an. Sie atmete nicht, und ich konnte keinerlei Lebenszeichen bei ihr feststellen. Leise bat ich einen der Männer, einen Arzt vom Royal Perth Hospital gleich um die Ecke zu holen. Er ging sofort los und legte die ganze Strecke im Dauerlauf zurück. Als nächstes nahm ich ihre Hände und schüttelte sie leicht, während ich ihren Namen rief und so versuchte, sie wiederzubeleben. Noch einmal sicherte ich den Leuten zu, es würde ihr gut gehen.

Von dem Augenblick an, als ich aus dem Saal gerufen wurde, war ich vollkommen ruhig und hatte keinerlei Zweifel in meinen Gedanken. Ich war davon überzeugt, dass die Schwester genesen würde. Als ich dann ihre Hände nahm, schaute ich tief in ihre glasigen, farblosen Augen und gebot ihr unablässig: „Schwester, im Namen Jesu, komm zurück! Komm schon, Schwester, du kannst es, steh auf, Schwester! Ich befehle dir im Namen Jesu, steh auf! Komm schon, Schwester, du kannst es, im Namen Jesu, steh auf!"

Auf diese Weise fuhr ich etwa zehn bis fünfzehn Minuten fort, als sie plötzlich blinzelte! Sie nahm einen ungewöhnlich tiefen Atemzug und ihre Augen bildeten sich in ihre normale gesunde Form zurück. Die Farbe ihrer Pupillen normalisierte sich und Feuchtigkeit füllte wieder ihre Augen. Gleichzeitig durchflutete sie von ihrem Kopf aus ein kräftiges Rot und gab zuerst ihrem Gesicht seine gesunde Farbe wieder, zusammen mit der ihr eigenen Gesichtsform. Es durchströmte blitzschnell ihren gesamten Körper, und ich fühlte, wie diese leblosen, schlaffen, eiskalten Hände wieder ihre normale Festigkeit zurückgewannen, wie die Wärme bis zu ihren Fingerspitzen vordrang und der Puls wieder auf Trab kam. „Aahh", sagte sie, als sie zum ersten Mal wieder ausatmete. „Was ist passiert?" Ich drückte ihre Hand und fragte, wie sie sich fühlte. Sie versicherte mir, dass es ihr gut ginge, und so half ich ihr auf ihre Beine und ging aus der Küche, um mich um die zu kümmern, die Zuspruch brauchten.

Wenige Augenblicke später traf das Team aus dem Krankenhaus ein und erkundigte sich sofort, wer sie wiederbelebt hätte. Eine Frau sagte: „Niemand, wir haben nur gebetet – und sie kam zurück." Der Gesichtsausdruck dieses Mannes war herrlich, seine Augenbrauen trafen mitten über seiner Nase zusammen und er schüttelte ungläubig den Kopf. Inzwischen lachte die Schwester, redete und fühlte sich hervorragend. Sie untersuchten sie, legten sie auf eine Tragbahre und nahmen sie mit zum Krankenhaus, während sie den ganzen Weg über mit den Ambulanzhelfern scherzte.

Nachdem ich die Menschen nach Hause geschickt und die Türen verschlossen hatte, holte ich mir einen Kaffee. Es lag etwa eine halbe Stunde zwischen ihrem Herzinfarkt und ihrer Genesung, und nun brauchte ich einen Moment des Alleinseins, um mich mit dem Geschehenen auseinanderzusetzen. Ich saß bis etwa 3.15 Uhr morgens in der Kaffeeküche und ging dann zum Krankenhaus, um nach der Schwester zu sehen. Nachdem ich sie dem Nachtpersonal beschrieben hatte, wurde mir mitgeteilt, dass sie um 3.00 Uhr in guter Verfassung und Gesundheit entlassen worden war.

Ich hatte keinen Kontakt mehr mit der Schwester, bis sie zum Lobpreistreffen am darauffolgenden Donnerstag kam. Sie teilte mir mit, dass sie sich während der Woche verschiedenen sorgfältigen Untersuchungen unterzogen hatte. Sie hatten alles versucht. Die Schwester informierte mich dann, dass sie seit langer Zeit an ernsten Herzbeschwerden gelitten hatte, aber nun konnten keinerlei Mängel mehr festgestellt werden.

„Sie sagten mir, mein Herz wäre so stark wie das eines Pferdes," erzählte sie mir mit einem strahlenden Lächeln.

Während jener Woche, die mir wie eine Ewigkeit von Einsamkeit vorkam, hatte mir der Herr gezeigt, dass dies nicht der vorausbestimmte Zeitpunkt zum Sterben für die Schwester war. Er sagte mir, dass sie es spüren würde, wenn ihre Zeit gekommen ist (was noch viele Jahre entfernt lag), und drei Engel würden sie zu Jesus geleiten, der sie in den Himmel aufnimmt. Er sagte, dass auch ihre Mitschwestern zu jenem Zeitpunkt wüssten, was geschieht, und es würde ein sehr freudvoller Abschied sein. Ich erzählte dies der Schwester; wir umarmten uns und vereinbarten, den Erzbischof und die zuständigen Priester von diesem Ereignis zu unterrichten. Als wir den Saal betraten, wurde sie mit einem tosenden Beifall begrüßt. Das Lobpreistreffen an jenem Abend war erfüllt von einer besonderen Dankbarkeit Jesus gegenüber für sein wunderbares Geschenk von „zoe".

In diesem Bericht von Gottes Macht über den Tod waren drei charismatische Gaben mit am Werk. Die erste war die Gabe von (besonderem) „Glauben". Dieser Glaube unterhielt nicht den geringsten Zweifel, als der Befehl zurückzukommen und aufzustehen ausgesprochen wurde. Die nächste charismatische Gabe war das „Wirken von Wundern", das die Schwester wieder vom Tod auferweckte. Die dritte charismatische Gabe war „Heilung", durch die ein Herzleiden, das ernst genug war, um einen Menschen umzubringen, vollkommen geheilt wurde, ohne dem Gehirn irgendeinen Schaden zuzufügen. Die vollständige Liste dieser charismatischen Gaben findet sich in 1 Korinther 12,8-11, und es ist kein Zufall, dass dieser Text unmittelbar auf 1 Korinther 11,27-30 folgt, in dem über das Erkennen des Leibes des Herrn geschrieben wird.

Seit vielen Jahren kann ich nun öffentlich über dieses Ereignis sprechen. Ich tue dies in Demut, um Ihnen Zeugnis zu geben, dass Jesus Herr ist und sein Leben Wahrheit und Leben. Der Heilige Geist, den er gesandt hat, ist der „Herr und Lebensspender", und die Worte des Paulus an die Römer in Kapitel 8,11 sind eine unglaubliche Quelle der Hoffnung für uns – genau so wie für die Ordensschwester: „Wenn der Geist dessen in euch wohnt, der Jesus von den Toten auferweckt hat, dann wird er, der Christus Jesus von den Toten auferweckt hat, auch euren sterblichen Leib lebendig machen, durch seinen Geist, der in euch wohnt."

Die Gedanken gefüllt zu haben mit einer zuversichtlichen Hoffnung auf alles Gute ist wirkliche christliche Hoffnung und der Helm des Heils. Jesus Christus von Nazareth ist die einzige Hoffnung auf ewiges Leben und sein Wunsch ist es, dass Sie es in noch größerer Fülle haben, wenn Sie dieses Buch lesen.

9. Der einzig annehmbare Tauschhandel

Jesus ist die Hoffnung Ihrer Erlösung, und was er über Sie sagt, ist absolut vertrauenswürdig. Wenn Sie Ihr Leben Jesus geben, wird er Ihnen sein Leben geben. Das ist der großartige Tausch. Sie können das auch tun, während Sie dieses Buch lesen; Jesus beginnt bereits, in Ihnen zu arbeiten. Sie haben vielleicht während Ihrer Lektüre eine Leichtigkeit in Ihrem Herzen gespürt, eine innerliche Wärme, als bestimmte Worte tief in Sie eingedrungen sind. Wenn Sie dem nachgehen, werden Sie beginnen, Ihre Heilung und Erlösung zu empfangen, sogar während Sie lesen.

Jesus als Herrn empfangen
Wenn Sie nicht so etwas gefühlt haben, können Sie dennoch Jesus empfangen, indem Sie an folgendem Ratschlag festhalten: „Euch aber muss es zuerst um sein Reich und um seine Gerechtigkeit gehen; dann wird euch alles andere dazugegeben. Sorgt euch also nicht um morgen; denn der morgige Tag wird für sich selbst sorgen" (Mt 6,33-34). „Moses schreibt: Wer sich an die Gesetzesgerechtigkeit hält in seinem Tun, wird durch sie leben. Die Glaubensgerechtigkeit aber spricht: Sag nicht in deinem Herzen: Wer wird in den Himmel hinaufsteigen? Das hieße: Christus herabholen. Oder: Wer wird in den Abgrund hinabsteigen? Das hieße: Christus von den Toten heraufführen. Was also sagt sie? Das Wort ist dir nahe, es ist in deinem Mund und in deinem Herzen. Gemeint ist das Wort des Glaubens, das wir verkündigen; denn wenn du mit deinem Mund bekennst: ‚Jesus ist der Herr' und in deinem Herzen glaubst: ‚Gott hat ihn von den Toten auferweckt', so wirst du gerettet werden. Wer mit dem Herzen glaubt und mit dem Mund bekennt, wird Gerechtigkeit und Heil erlangen." (Röm 10, 5-10)

Wenn Sie Jesus noch nicht als Ihren persönlichen Herrn und Heiland angenommen haben und ihn gerne persönlich kennen lernen möchten, können Sie das in diesem Augenblick tun. Vielleicht sind Sie ein praktizierender Christ, aber haben Ihr Leben noch nicht bewusst Gott gegeben und ihn gebeten, in Ihr Herz zu kommen. Sie können das in diesem Moment tun. Sie brauchen dazu nur dieses kurze Gebet zu sprechen und glauben, dass Jesus Sie annehmen wird, was auch immer Sie getan haben. Er wird voll Freude zu Ihnen kommen, Ihre Sünden vergeben und Ihnen Erlösung schenken. Suchen Sie sich einen ruhigen Ort, an dem Sie nicht gestört werden, und beten Sie dieses Gebet mit lauter Stimme:

„Herr Jesus Christus, ich bin nicht sicher, ob du wirklich existierst, aber wenn es dich gibt, bitte ich dich, dass du dich mir offenbarst, damit ich dich kennen lerne.

Ich bekenne vor dir, Herr, dass ich aus eigenem Versagen gesündigt habe, durch meine Worte und durch meine Taten, durch das, was ich getan habe, und das, was ich versäumt habe zu tun. (Sie können hier spezifische Sünden nennen.)

Ich weise Satan zurück und alle seine Werke der Finsternis und den Reiz der Sünde, und ich bitte dich, mir alle meine Vergehen zu verzeihen und mich in deinem Blut zu waschen und mich von all meiner Sünde zu reinigen.

Herr Jesus, ich glaube, dass du mein Gebet gehört hast, und ich danke dir, dass du mir eine zweite Chance zum Leben gibst. Ich bitte dich jetzt, in mein Herz zu kommen und mein persönlicher Herr und Retter zu sein.

Herr, ich vermag nichts aus eigener Kraft. Ich bitte dich jetzt, mich mit dem Heiligen Geist zu taufen und mir alle Geistesgaben zu schenken, die ich brauche, um mein neues Leben in dir zu leben. Amen, Jesus. Ich glaube, dass es geschehen ist! Herr Jesus, ich glaube jetzt, dass du die Kraft hast, mich zu heilen, auch gerade in diesem Moment, während ich zu dir bete.

Ich habe diese Beschwerden (nennen Sie das, wobei Sie Heilung brauchen), die kein Recht haben, weiter in meinem Körper zu verweilen und mir meine Gesundheit zu rauben. Ich rufe die heilende Kraft deiner Liebe an und dein Wort durch den ewigen Bund in deinem Blut, und ich bitte dich, mich in diesem Augenblick zu heilen, in dem ich im Glauben annehme, dass ich erhalten habe, worum ich bat.

Danke. Amen Herr Jesus, es ist geschehen."

Wenn Sie dieses Gebet ernsthaft gebetet haben, wird Jesus Ihnen die Vergebung Ihrer Sünden gewährt und ewiges Leben geschenkt haben, auch wenn sie im Moment selbst nichts gespürt haben. Sie möchten vielleicht Ihrem Herzen ein wenig Zeit gönnen, um sich mit Dankbarkeit zu füllen, denn dies ist ein großes Geschenk des Lebens für Sie.

Wenn Sie die Zeit der Danksagung beendet haben, denken Sie daran, dass Satan versuchen wird, Sie zu berauben, indem er Zweifel in Ihre Gedanken pflanzt. Glauben Sie ihnen nicht. Erinnern Sie sich täglich daran, dass Sie erlöst sind, weil Sie mit Ihrem Mund bekannten, dass Jesus Herr ist, und glaubten, dass Gott ihn von den Toten auferweckte, und Sie wurden gerettet! Sie sind nun gerechtfertigt durch den Glauben, den Sie eingesetzt haben, und alle Verheißungen Abrahams gehören jetzt Ihnen!

Wie geht es weiter?
Wenn Sie schon einer Kirche angehören, sprechen Sie mit Ihrem Pastor oder Priester, und er wird Ihnen helfen, ein Leben in der christlichen Gemeinschaft zu beginnen. Wenn Sie keiner Kirche angehören, schauen Sie im Telefonbuch unter „Katholische Kirche" und setzen Sie sich mit dem katholischen Priester in Verbindung, der am nächsten bei Ihnen wohnt. Erzählen Sie ihm, was geschehen ist, und verabreden Sie sich zu einem persönlichen Treffen. Wenn Sie es vorziehen, können Sie Flame Ministries International Head Office (FMI) in Perth, Westaustralien unter folgender Telefonnummer erreichen: +61-9-382 3668.

Herzlichen Glückwunsch, mein Freund. Sie leben nun in übernatürlicher Herrlichkeit. Ihre Erlösung und Ihre Heilung sind bereits Ihrem göttlichen Bankkonto gutgeschrieben. Diese Anweisungen haben gezeigt, wie Transaktionen getätigt werden. Jesus hat dafür bezahlt. Sie stehen Ihnen durch göttliches Recht zu.

10. Übernatürliche Herrlichkeit

Sie leben bereits in Gottes übernatürlicher Herrlichkeit. Wohin auch immer Ihr Haupt geht, dahin geht Ihr Leib mit. Dasselbe trifft auf Jesus als Haupt der Kirche zu und Ihnen als Glied seines Leibes. Aus diesem Grund betete Jesus kurz vor seiner Gefangennahme: „Aber ich bitte nicht nur für diese hier (die Zwölf), sondern auch für alle, die durch ihr Wort an mich glauben. Alle sollen eins sein: Wie du, Vater, in mir bist und ich in dir bin, sollen auch sie in uns sein, damit die Welt glaubt, dass du mich gesandt hast. Und ich habe ihnen die Herrlichkeit gegeben, die du mir gegeben hast; denn sie sollen eins sein, wie wir eins sind, ich in ihnen und du in mir. So sollen sie vollendet sein in der Einheit, damit die Welt erkennt, dass du mich gesandt hast und die Meinen ebenso geliebt hast wie mich. Vater, ich will, dass alle, die du mir gegeben hast, dort bei mir sind, wo ich bin. Sie sollen meine Herrlichkeit sehen, die du mir gegeben hast ..." (Joh 17,20-24)

Ihre Herrlichkeit in Gott
Johannes 17,20-26 ist ein so dynamischer Gedankengang, dass es leicht wäre, ihn als isolierten Teil der Schrift zu betrachten, der unmöglich auf uns zutreffen kann. Wir stellen aber fest, dass Paulus die Kolosser zu einer Antwort auf Jesu Gebet ermutigte: „Denn in ihm allein wohnt wirklich die ganze Fülle Gottes. Durch ihn seid auch ihr davon erfüllt; denn er ist das Haupt aller Mächte und Gewalten ... Mit Christus wurdet ihr in der Taufe begraben, mit ihm auch auferweckt, durch den Glauben an die Kraft Gottes, der ihn von den Toten auferweckt hat. Ihr wart tot infolge eurer Sünden, und euer Leib war unbeschnitten; Gott aber hat euch mit Christus zusammen lebendig gemacht und uns alle Sünden vergeben. Er hat den Schuldschein, der gegen uns sprach, durchgestrichen und seine Forderungen, die uns anklagten,

aufgehoben. Er hat ihn dadurch getilgt, dass er ihn an das Kreuz geheftet hat. Die Fürsten und Gewalten hat er entwaffnet und öffentlich zur Schau gestellt; durch Christus hat er über sie triumphiert." (Kol 2,9-15)

Wenn das Haupt in übernatürlicher Herrlichkeit lebt, dann lebt auch der Leib in übernatürlicher Herrlichkeit. Was Sie in Jesus haben, ist weit größer als Mose und die Propheten des Alten Testaments. Sie haben einen neuen Bund, der rundum effektiver ist. Hören Sie nur, was Paulus zu den Korinthern sagt: „Wenn aber schon der Dienst, der zum Tod führt und dessen Buchstaben in Stein gemeißelt waren, so herrlich war, dass die Israeliten das Gesicht des Mose nicht anschauen konnten, weil es eine Herrlichkeit ausstrahlte, die doch vergänglich war, wie sollte da der Dienst des Geistes nicht viel herrlicher sein? Wenn schon der Dienst, der zur Verurteilung führt, herrlich war, so wird der Dienst, der zur Gerechtigkeit führt, noch viel herrlicher sein.

Eigentlich kann von Herrlichkeit in jenem Fall gar nicht die Rede sein, wo das Verherrlichte vor der größeren Herrlichkeit verblasst. Wenn nämlich schon das Vergängliche in Herrlichkeit erschien: die Herrlichkeit des Bleibenden wird es überstrahlen.

Weil wir eine solche Hoffnung haben, treten wir mit großem Freimut auf, nicht wie Mose, der über sein Gesicht eine Hülle legte, damit die Israeliten das Verblassen des Glanzes nicht sahen. Doch ihr Denken wurde verhärtet. Bis zum heutigen Tag liegt die gleiche Hülle auf dem Alten Bund, wenn daraus vorgelesen wird, und es bleibt verhüllt, dass er in Christus ein Ende nimmt. Bis heute liegt die Hülle auf ihrem Herzen, wenn Mose vorgelesen wird. Sobald sich aber einer dem Herrn zuwendet, wird die Hülle entfernt. Der Herr aber ist der Geist, und wo der Geist des Herrn wirkt, da ist Freiheit. Wir alle spiegeln mit enthülltem Angesicht die Herrlichkeit des Herrn wider und werden so in sein eigenes Bild verwandelt, von Herrlichkeit zu Herrlichkeit, durch den Geist des Herrn." (2 Kor. 3,7-18)

Es erfordert Glauben, in dieser Herrlichkeit voranzugehen. Dieselbe Salbung, die auf Jesus lag, liegt auf den

Christen. Wir tragen den Namen Christi, damit wir seine Werke in seinem Namen vollbringen, bis er wiederkommt. Die Salbung des Messias ist auf uns, sogar in diesem Moment, und wir müssen darauf vertrauen (1 Joh 2,27).

11. Krankheit und Leiden – wie es ein Ende nehmen kann

Zur Wurzel vordringen – die Auseinandersetzung mit der Sünde

Weil wir, solange wir leben, noch zur Sünde fähig sind, hat Jesus Vorsorge getroffen, damit wir sie überwinden. Durch Paulus sagt er: „Da wir nun einen erhabenen Hohenpriester haben, der die Himmel durchschritten hat, Jesus, den Sohn Gottes, lasst uns an dem Bekenntnis festhalten. Wir haben ja nicht einen Hohenpriester, der nicht mitfühlen könnte mit unserer Schwäche, sondern einen, der in allem wie wir in Versuchung geführt worden ist, aber nicht gesündigt hat. Lasst uns also voll Zuversicht hingehen zum Thron der Gnade, damit wir Erbarmen und Gnade finden und so Hilfe erlangen zur rechten Zeit." (Hebr 4,14-16, s. a. Röm 10,9)

Wir brauchen nicht vor Gott zu kriechen, uns auf unseren Händen und Knien zu ihm vorzuarbeiten, um seinen Zorn zu besänftigen, wie es die Heiden mit ihren dämonischen Göttern tun. Jesus hat diesen Zorn auf sich genommen. Wir können uns nun mit Zuversicht Gott nähern und im Glauben vertrauen, dass wir erhalten, was wir brauchen, denn es hat sich in Jesus erfüllt.

Der erste Brief des Johannes erklärt, dass wir, solange wir in Gott bleiben, der Licht ist, Gemeinschaft miteinander haben und dass das Blut Jesu uns von aller Sünde reinigt.

Johannes zeigt auf, dass wir, obwohl wir nicht länger Sünder sind, immer noch die Fähigkeit zur Sünde haben und deshalb Reue üben müssen, wenn wir sie begehen: „Meine Kinder, ich schreibe euch dies, damit ihr nicht sündigt. Wenn aber einer sündigt, haben wir einen Beistand beim Vater: Jesus Christus, den Gerechten. Er ist die Sühne für unsere Sünden, aber nicht nur für unsere Sünden, sondern auch für die der ganzen Welt." (1 Joh 2,1-2, siehe auch Joh 3,16-17)

Johannes geht nicht davon aus, dass wir weiter sündigen als Lebensgewohnheit. Im Gegenteil, er geht von Heiligkeit aus als Norm für den Christen, der nicht länger Sünder ist. Wir praktizieren nun Christus, nicht die Sünde, um das richtig zu stellen. Wenn wir jedoch sündigen und darin verhaften, gehen wir nicht in Christus: Der Lohn der Sünde ist der Tod, und deshalb geht sie Hand in Hand mit der Krankheit, wie es am Anfang war.

Genau so, wie wenn eine Person aus dem Schutz eines Regenschirms in einen Regensturm tritt und nass wird, ist es, wenn wir aus dem Schutz Christi als Haupt heraustreten. Wir ernten die Folgen, da es außerhalb von ihm keinen Schutz gibt. Jedoch gibt es nun für die, welche in Christus Jesus sind, keine Verurteilung (Röm 8,1). Im Reich Gottes gibt es keine Krankheit, weil in Gott keine Krankheit ist.

Die Kirche handelt im Glauben an das Wort
Dies ist der Tag der Rettung, dies ist die Zeit der Gnade und dies ist der Tag des Jubels. Jesus hat die Kirche gegründet, damit jede Generation bis zu seiner Rückkehr jede mögliche Gelegenheit erhält, um Erlösung, Rettung, Heilung und ewiges Leben zu erhalten, die hier und jetzt beginnen. Die Kirche existiert, um diese Wahrheit jeder Nation und Generation der Welt kundzutun. Sie ist ein Zeichen der Hoffnung für eine verletzte Welt.

Der Katechismus der katholischen Kirche sagt: „Der auferstandene Herr wiederholt diese Sendung („in meinem Namen werden ... die Kranken, denen sie die Hände auflegen, ... gesund werden": Mk 16, 17.18) und bekräftigt sie durch die Zeichen, welche die Kirche wirkt, wenn sie seinen Namen anruft. Diese Zeichen erweisen auf besondere Weise, dass Jesus wirklich der ‚erlösende Gott' ist."[1] Und noch einmal: „Heilt Kranke! (Mt. 10,8) Diesen Auftrag hat die Kirche vom Herrn empfangen und sucht ihn auszuführen, indem sie die Kranken pflegt und sie mit ihrer Fürbitte begleitet. Sie glaubt

[1] aus: *Katechismus der katholischen Kirche, R. Oldenbourg Verlag, München/Wien, Benno Verlag, Leipzig, Paulusverlag, Freiburg/Schweiz, Veritas, Linz, 1992, Textziffer 1507*

an die belebende Gegenwart Christi, des Arztes der Seele und des Leibes. Diese wirkt vor allem durch die Sakramente und ganz besonders durch die Eucharistie, das Brot, welches das ewige Leben gibt. Der hl. Paulus deutet an, dass die Eucharistie auch mit der leiblichen Gesundheit in Beziehung steht."[1] Der Katechismus bezieht sich hier auf 1 Kor 11,26-30, auf das Erkennen des Leibes des Herrn in der heiligen Kommunion.

Ihre Heilung ist auch im Leib Christi. Nur weil Sie ihn nicht sehen können, heißt das nicht, dass er nicht da ist. Wenn Sie die vier Schlüssel anwenden, werden Sie das Herz Jesu aufschließen und sich einen unerschöpflichen Schatz aus dem Himmel zugänglich machen. „Denn wo euer Schatz ist, da ist auch euer Herz" (Lk 12,34). Damit kann sich die Verheißung von Jesaja 61,1-2 heute in Ihrem Leben erfüllen.

Der Schlüssel des Glaubens bringt das, was Ihnen bereits übernatürlich zusteht, in ihren natürlichen Besitz, genauso wie es bei Josua war, beim römischen Hauptmann, der Frau aus Kanaan, beim Mann, der Brot benötigte, bei Dora, Michael und Frau Noons. Sie sind ein Kind Abrahams im Glauben. Es gehört Ihnen.

Jesus heilt die Unheilbaren

Iris Dias ist eine Frau, mit der ich betete und die an Psoriasis litt, einer unheilbaren Hautkrankheit, die sie seit fünfundzwanzig Jahren an ihren Füßen und Händen trug. Sie wurde mit Röntgenstrahlen behandelt, ohne großen Erfolg. Sie schreibt: „Am letzten Abend des (Flame-) Kongresses gingen die meisten Anwesenden nach vorne, um für Heilung zu beten. Meine Gedanken waren mit allem möglichen beschäftigt, als ich auf einen Schlag vollkommen leer wurde und nur noch die Worte in mir hatte: ‚empfange, empfange'. Mir wurden die Hände aufgelegt, und ich bekam nichts mehr mit, bis ich am Boden liegend wieder aufwachte. Ein paar Tage später, während ich betete, fühlte ich in meinem linken Fuß

---

[1] aus: *Katechismus der katholischen Kirche, R. Oldenbourg Verlag, München/Wien, Benno Verlag, Leipzig, Paulusverlag, Freiburg/Schweiz, Veritas, Linz, 1992, Textziffer 1509*

Hitze emporschießen von den Zehen bis zur Wadenmitte. Dies lenkte mich ab, also hielt ich meinen Fuß mit beiden Händen fest. Die Hitze verschwand nach ein paar Sekunden, dann bemerkte ich, wie eine große Blase an meinem Fersen ohne jegliche Schmerzen verschwand. Ich schaute mir die betroffene Ferse an und zu meiner Überraschung und Freude war sie geheilt mit brandneuer rosa Haut. Am darauffolgenden Nachmittag geschah dasselbe mit meinem rechten Fuß."

Zwei Wochen später hatte Iris einen Termin bei ihrem Facharzt. Sie erzählt weiter: „Als ich ihn traf, erkundigte er sich nach allem und ich zeigte ihm meine Hände und meine Füße. Der Ausdruck auf seinem Gesicht sprach Bände. Er nahm kleine Hautproben von meinen Händen und Füßen und sagte, wenn er mich zuvor nicht behandelt hätte, würde er das alles nur als Erfindung betrachten, denn er konnte nichts Abnormales finden. Er sagte, er würde mein schriftliches Zeugnis unterstützen." Was Gott für Naaman tat, tat er auch für Iris.

Ein Senfkorn Glaube

Wie viel „Glaube" brauchen Sie genau, um das zu bekommen, worum Sie bitten? Genau so viel: • ! Jesus sagt: „Amen, das sage ich euch: Wenn euer Glaube auch nur so groß ist wie ein Senfkorn, dann werdet ihr zu diesem Berg sagen: Rück von hier nach dort!, und er wird wegrücken. Nichts wird euch unmöglich sein." (Mt 17,20-21)

Jesus benützt das Wort „wenn", da er davon ausgeht, dass es auch mehr sein kann, aber „selbst wenn" Ihr Glaube nur so groß ist, ist er Jesus zufolge schon lange groß genug.

Das Wort Gottes und das Wort des Glaubens sind wie Samen. Ein Same muss in guten Boden eingepflanzt werden, um Frucht zu tragen. „Auf gutem Boden ist der Samen bei dem gesät, der das Wort hört und es auch versteht; er bringt dann Frucht, hundertfach oder sechzigfach oder dreißigfach" (Mt 13,23). Wenn Sie in Ihrem Herzen akzeptieren, was Jesus sagt, nur weil er es gesagt hat, dann wird es in Ihnen wachsen, bis es genau den Zweck erfüllt hat, zu dem er es ausgesprochen hat (Jes 55,11). In gleicher Weise wird auch Ihr Glaube wachsen, wenn Sie ihn in das Wort Gottes einpflanzen, weil er in gutem Boden ist.

Ein Senfkorn ist klein, aber es birgt den ausgewachsenen Baum in sich. Seine künftigen Samen und Pflanzen sind alle in dem Korn enthalten. „Mit dem Himmelreich ist es wie mit einem Senfkorn, das ein Mann auf seinen Acker säte. Es ist das kleinste von allen Samenkörnern; sobald es aber hochgewachsen ist, ist es größer als die anderen Gewächse und wird zu einem Baum, sodass die Vögel des Himmels kommen und in seinen Zweigen nisten." (Mt 13,31-32)

Wenn ein Same gepflanzt wird, kommt er an einen dunklen Ort. Dort bleibt er, bis die Umstände stimmen. Wenn die rechte Zeit da ist, reagiert er auf die Wärme und bricht seine harte Schale auf, um seine Wurzeln in die Erde zu legen. Er beginnt, dem Boden Nährstoffe zu entziehen, die ihm die Stärke geben, sich emporzustrecken. Er stirbt als Same und bricht schließlich aus das Licht, beginnt, zur vollen Größe heranzuwachsen, die seiner Natur entspricht. Gott und sein Wort sind ein und dasselbe. „Im Anfang war das Wort, und das Wort war bei Gott, und das Wort war Gott ... Und das Wort ist Fleisch geworden und hat unter uns gewohnt ..." (Joh 1,1-14)

Wenn Sie Ihren Glauben in das Wort Gottes setzen, wächst es in derselben Weise wie der Same. Zu Beginn mag es nicht danach aussehen, als ob irgendetwas vor sich ginge. Es mag dunkel scheinen und so, als ob man immer tiefer in dunkle Räume vordringt anstatt unmittelbare Ergebnisse zu erzielen. Harren Sie in Ihrem Glauben aus, indem Sie im Wort bleiben, wie Jesus in Johannes 15,1-10 lehrte, und Sie werden reiche Frucht bringen.

Wie Feuer trockenes Holz verzehrt und das Holz zum Feuer wird, so ist es, wenn das Wort Gottes in Sie eindringt. Gott ist ein verzehrendes Feuer und Sie werden vollkommen in ihn verwandelt, der selbst die Quelle des Lebens ist.

Als Jesus (das fleischgewordene Wort) in den Tod eintrat, verzehrte er den Tod in derselben Weise wie Feuer Holz verzehrt. Jesus besiegte den Tod durch seine Auferstehung und stellte das Leben wieder her, wie Gott es von Anfang an beabsichtigt hatte: „Ihr wart tot infolge eurer Verfehlungen und Sünden ... Gott aber, der voll Erbarmen ist, hat uns, die wir infolge unserer Sünden tot waren, in seiner großen Liebe, mit der er uns geliebt hat, zusammen mit Christus wieder lebendig gemacht. Aus Gnade seid ihr gerettet. Er hat uns mit Christus Jesus auferweckt und uns zusammen mit ihm einen Platz im Himmel gegeben ... Denn aus Gnade seid ihr durch den Glauben gerettet, nicht aus eigener Kraft ..." (Eph 2,1-10)

Satan bringt den Namen Jesu in Verruf
Haben Sie sich jemals gefragt, weshalb „Jesus Christus" der einzige Name eines Gottes ist, der als Fluch benutzt wird? Haben Sie jemals jemanden „Oh Buddha!" sagen hören, wenn er mit einem Hammer auf seinen Daumen schlug. Sie haben wohl auch nie gehört, wie Krischna, Vishnu, Shiva, Satan, Pan, Thor oder irgendein anderer sogenannter Gottesname genannt wurde.

Über Jesus Christus wird Tag und Nacht im Fernsehen, im Radio, in Filmen, im Theater und in der Musik sowie in den Mündern von Millionen von Menschen gelästert. Warum? Weil Satan die Macht des Namens Jesu kennt. Es ist der einzige Name, durch den wir gerettet werden können. Wenn Satan den Namen Jesu in Ihren Augen in Verruf bringen kann, werden Sie nicht Ihre Vollmacht ausüben und ihn für Ihre Heilung anrufen sowie die Macht Satans in Ihrem Leben besiegen. Ihnen wird folglich die Macht und der Segen geraubt, die im Namen Jesu liegen.

Durch den Namen Jesu, den Namen über jedem anderen Namen, der angerufen wird, erhalten Sie Heilung und Erlösung. Satan fürchtet sich vor diesem Namen, denn Jesus Christus von Nazareth zerstörte sein Reich und tilgte seine Macht auf Golgotha.

Satan wird alles ihm mögliche unternehmen, um den Namen Jesu in Ihren Gedanken zu zerstören, damit Sie und die Menschen der Welt nicht hören werden und Erlösung finden. Durch diese Maßnahme bezeugt Satan übrigens selbst, dass Jesus der Weg, die Wahrheit und das Leben ist, der einzige und wahre Erlöser der Welt!

Wenn Sie den Namen Jesu im Glauben gebrauchen, wird der Name Jesu all das vollbringen, was wir hier betrachtet haben, in Ihnen und für Sie, weil Jesus Ihnen die Vollmacht dazu gegeben hat. Kein Wunder, dass Satan seit Adam so hart daran arbeitet, uns dieses Wort wegzunehmen. Er versucht dies besonders, kurz nachdem es eingepflanzt wurde, um zu verhindern, dass es Wurzeln schlägt. Um dem vorzubeugen, brauchen Sie regelmäßig Gemeinschaft mit anderen Christen, müssen an der Messe und den Sakramenten teilnehmen, täglich beten und vor allem jeden Tag die Schrift lesen und studieren. Dann werden Sie im Glauben wachsen und zuversichtlicher werden, dass der Sieg Ihnen absolut zusteht; Sie werden Gottes Wort dafür haben.

12. Die Schuld ist getilgt
Göttliche Heilung gehört Ihnen

Wie ein Same das Leben der Pflanze birgt, so birgt das Wort
Gottes Gott. Wenn das Wort Gottes in Ihr Herz eingepflanzt
wird, wird es Wurzeln schlagen und in Ihnen vollbringen,
wozu es ausgesandt wurde. Es wird Ihnen Freiheit bringen,
die Sie befreien wird von allem, was Sie gefangen hält, wie
Drogen, Alkoholismus, sexuelle Perversion und Obsession,
Sünde in jeder Form, Krankheit, Leiden und Gebrechlichkeiten. Es ist die Gute Nachricht für die Armen: Sie werden nicht mehr arm sein. Für Ihre materiellen und finanziel-
len Bedürfnisse wird gesorgt werden: „Mein Gott aber wird
euch durch Christus Jesus alles, was ihr nötig habt, aus dem
Reichtum seiner Herrlichkeit schenken" (Phil 4,19; siehe
auch Mal 3,10-22; 2 Kor 9,6-15; Mt 6,25-34). Sie wird den
Blinden die Augen öffnen, damit Sie die Hoffnung Ihrer
Berufung erkennen können, und sie wird die Blindheit Ihres
Herzens heilen, um Christus annehmen zu können und jegliches Leid zu vergeben, das man Ihnen angetan hat, so schwer
es auch gewesen sein mag und wer auch immer es Ihnen
zugefügt haben möge. Sie schließt auch Ihre körperliche
Sehkraft mit ein (Mt 7,1-6; Mk 8,22-25). Sie werden Freiheit
erlangen von Unterdrückung, geistlicher, emotionaler, körperlicher oder psychologischer Gefangenheit, verursacht
durch Satan, Menschen oder Umstände.

Die absolute Gewissheit

Jesus erklärte diese Worte vor zweitausend Jahren für erfüllt,
als er sie in der Synagoge in Nazareth aussprach. Mein lieber
Freund, Sie leben im „Jahr der Gnade" (im Jubeljahr). Jesus
zufolge sind alle Ihre Schulden ausgelöscht. In Wahrheit sind
Sie schon frei! Nur weil Sie es nicht sehen können, heißt das
nicht, dass es nicht geschehen ist. Wie wir feststellten, haben

Sie einen Bund im Blut Jesu, und sein Blut hat den Preis für Ihre vollständige Erlösung gezahlt. Ihre Heilung steht Ihnen nun zu, weil sie durch göttliches Recht Ihnen gehört!

Wenn Sie das nächste Mal zur heiligen Kommunion gehen, denken Sie an das, was Sie hier gelesen haben, und erkennen Sie den Leib und das Blut des Herrn. Rufen Sie sich ins Gedächtnis, was sein Tod für Sie getan hat. Setzen Sie Ihren Glauben auf Jesus und seine Verheißungen, und wenn Sie sagen: „Herr, ich bin nicht würdig, dich zu empfangen. Aber sprich nur ein Wort, so werde ich gesund," akzeptieren Sie im Glauben, dass Jesus Christus von Nazareth (der einzig gezeugte Sohn Gottes) das Wort bereits gesprochen hat! „Denn Gott hat seinen Sohn nicht in die Welt gesandt, damit er die Welt richtet, sondern damit die Welt durch ihn gerettet wird." (Joh 3, 17)

Denken Sie daran, dass Gottes Arbeit nicht Verurteilungen sind; seine Arbeit ist es, zu retten und Recht zu sprechen. Wenn Sie glauben und Jesus als Ihren Herrn und Retter angenommen haben, dann betrachtet Gott Sie als würdig durch das Opfer seines Sohnes. Jesus ist der einzig annehmbare Preis für Gott. Der Beweis für seine Liebe ist, dass Jesus für Sie gestorben ist, als Sie noch Sünder waren. Sie wurden von den Gesetzen der Macht der Dunkelheit, die in Ihrem Leben galten oder regierten, befreit und unter die Souveränität der königlichen Macht gestellt, der Herrschaft des Sohnes seiner Liebe, durch den Sie die Tilgung der Schuld als Folge von Sünde erhielten, durch das Lösegeld seines Blutes (s. Kol 1,13-14).

„Dies schreibe ich euch, damit ihr wisst, dass ihr das ewige Leben habt; denn ihr glaubt an den Namen des Sohnes Gottes. Wir haben ihm gegenüber die Zuversicht, dass er uns hört, wenn wir etwas erbitten, das seinem Willen entspricht. Wenn wir wissen, dass er uns bei allem hört, was wir erbitten, dann wissen wir auch, dass er unsere Bitten schon erfüllt hat." (1 Joh 5,13-15)

So sicher, wie aufgrund seines Wortes Sünden vergeben werden, so sicher wie Christus aufgrund seines Wortes in der Eucharistie gegenwärtig ist, so sicher wie Weihen aufgrund

seines Wortes stattfinden, so sicher wie Christus aufgrund seines Wortes von den Toten auferstanden ist, so sicher wie Sie
heute leben und atmen,

**hat sich das Schriftwort, das ihr
eben gehört habt, erfüllt.**

fmi Flame Ministries *International*

Flame Ministries International (fmi) ist eine katholische, neupfingstliche Organisation von Laien im Evangelisationsdienst gemäß dem Kanon 301 und 300. Sie wurde 1990 unter Erzbischof Foley gegründet und arbeitet nun direkt unter Erzbischof Barry James Hickey von der Diözese Perth in Westaustralien. Sinn und Ziel der Organisation ist die Verbreitung des Evangeliums bis an die Grenzen der Erde – im Geiste von Ad Gentes, Evangelii Nuntiandi, Dei Verbum und der Heiligen Schrift.

FMI macht keine Unterschiede nach Alter, Status, Geschlecht oder Nationalität. Sie möchte es schlicht jedem ermöglichen, Jesus Christus als seinen persönlichen Herrn und Retter anzunehmen, die Taufe im Heiligen Geist zu empfangen, die Wahrheiten der Bibel kennenzulernen und ein Leben innerhalb der Kirche zu führen.

FMI stellt sich entschieden gegen Synkretismus und fremde Einflüsse jeder Art: Das Evangelium braucht keine anderen Religionen, Philosophien und keinen anderen Glauben, um seine Effektivität zu erhöhen.

Die zweifache Mission von FMI ist, die Ungläubigen zu erreichen, auf dass sie Jesus kennenlernen können, und die Gläubigen, auf dass sie in ihrem Leben im Heiligen Geist wachsen und so die Fülle der christlichen Offenbarung und geistliche Reife erlangen.

Zur vielfältigen Arbeit von FMI gehören z.B. Predigen, Lehren, Veröffentlichen von Büchern und Zeitschriften, Komponieren neuer Musik, Veranstaltung von Konferenzen, Evangelisations- und Leiterschaftsschulungen sowie missionarische Einsätze weltweit. FMI ist wirtschaftlich vollkommen auf sich selbst gestellt und lebt von Spenden. Die Vision von FMI ist es, folgende Prophetie vom Heiligabend 1989 zu erfüllen:

Entflamme die Herzen meines Volkes

Erfüllt die Welt mit hell scheinendem Feuer
und lasst sie wissen, dass ich der Herr bin.
Erweckt in ihnen ein tiefes Verlangen nach meinem Licht
und lasst sie wissen, dass sie heil sein können.

Wendet eure Augen hin auf die Botschaft meines Wortes
und lasst die Worte zu eurem Leben werden.
Gebt ihnen ein nie verlöschendes, brennendes Licht
und macht sie alle zu meinen standhaften Söhnen.

Wisst, dass ich in euch durch die Welt gehen werde,
wisst, dass ich euch erfülle.
Lasst sie wissen, dass sie Führer in der Nacht sein können.
Gebt ihnen alle neue Hoffnung in mir.

Sagt der Welt, dass ich in meiner Macht kommen werde.
Zeigt ihnen, wie ich wirken will.
Gebt ihnen meine Botschaft weiter, die für alle Menschen
geschrieben wurde,
und macht sie alle, die Blinden, wieder sehend.

Ich komme in Wellen der Macht.
Ich komme in Stürmen;
die Welt mit meiner Herrlichkeit ausfüllend,
bevor ich meine Kirche mit nach Hause hole.

Bereitet euch vor für den Kampf.
Bewacht euch selbst von allen Seiten.
Legt meine ganze Waffenrüstung an,
trainiert durch meine eigene rechte Hand.

Entflammt die Herzen meines Volkes.
Zeigt ihnen, wie sie sein können.
Gebt ihnen neue Hoffnung für die Zukunft.
Zeigt ihnen, wie das Leben in mir ist.